百年佛缘

08

别 册

佛光山书记室 编

生活·讀書·新知 三联书店

Simplified Chinese Copyright © 2017 by SDX Joint Publishing Company
All Rights Reserved.
本作品中文简体字版权由生活・读书・新知三联书店所有。
未经许可，不得翻印。
台湾佛光山宗委会独家授权

图书在版编目(CIP)数据

百年佛缘/星云大师口述：佛光山书记室记录. —2 版. —北京：生活・读书・新知三联书店，2017（2017.1 重印）
ISBN 978－7－108－05839－3

Ⅰ.①百… Ⅱ.①星…②佛… Ⅲ.①星云—传记 Ⅳ.
①B949.92

中国版本图书馆 CIP 数据核字(2016)第 265636 号

目录

百年佛缘 ❽ 别册

001	师父其人——佛光山弟子口中的大师
041	星云大师弘法大事纪
189	星云大师著作编纂一览表

山川异域日月同天
寄诸佛子共结来缘

（鉴真大师诗／星云大师书）

师父其人
——佛光山弟子口中的大师

"国史馆"出版师父的口述历史《百年佛缘》,
弟子们没有人敢为他写序。
我忽然心有所感,就让弟子们一起来写师父,
因为师父伟大的信仰、成就、人格特质,
实非我们弟子所能置喙一词,
但他影响弟子们的一些行事、观念,甚至琐碎的事,
经常为我们所津津乐道。
因此我请大家记录下来,
每则约一百到二百字,
整理成这篇《师父其人》,
就做为《百年佛缘》的代序吧!

——慈惠

1. 佛光山从一九六七年开山至今,所有工程的水泥工、板模工等,没有换过一个人,他们说他们是"原班人马",可见师父对于人情相聚是多么珍惜。

——心定

2. 我有幸做到佛光山住持,最初住在大师的隔壁。他经常到各地弘法,每每直到深夜才回寮,却一点声音都没有。有一次,隔天早上我好奇地问:"师父!您昨天回来很迟,辛苦了,您都没有盥洗就休息了吗?""没有啊!我有盥洗才休息。"我大胆地说:"我怎么没有听到您房间有水声?""喔,那是我用毛巾把水龙头包起来,不让它发出声音,因为三更半夜怎么能让水有声音呢!"

——心培

3. 师父现在年老了,走路不便,但他

年轻的时候非常长于走路。记得五十年前跟随他,常常要走一二十里路才到目的地。我们问他,为什么不坐车子?他说,在大陆时,常常从栖霞山走到南京,再从南京走回栖霞山,得从早上走到傍晚;甚至从故乡仙女庙走到镇江焦山佛学院也要一整天的时间,已经习惯走路了。他告诉我们:"走路可以走出健康来。"

——慈庄

4. 师父是一位出家人外,也可说是文学家、哲学家。从一九六三年起,他常常利用搭火车、汽车的时间写稿,甚至利用吃饭、跑香、等客人、行程上的零碎时间写就出来。许多信徒知道师父欢喜写作,好几次送他气派的书桌、椅子,请他安心写作,但师父经常转手就送给需要的人。至今,在佛光山依然找不到他的书房,固定的桌子、椅子。他常说:汽车、飞机的座位,讲经弘法的角落全都是我的书房。师父的生活环境,可以说都是与大众一同共有。

——慈惠

5. 一九五三年时,我在高雄担任慈育幼稚园的园长,当时师父住在凤山,经常应邀到高雄市立图书馆讲经,每次他都是在下午五点就开始走路,至少走一个半小时,才能赶上七点钟的开讲。我们劝师父可以搭公共汽车或是坐三轮车,师父却说,两条腿生给我,不走路太可惜了,能省就省吧!

——慈容

6. 一九九二年佛光山下满香园停车场刚整修完工,师父自己讨了一份停车场画线的工作。除夕夜全山围炉时,画线工作还没有完成,他到朝山会馆和吃年夜饭的大家照面后,自己又悄悄跑下山。

直到隔天凌晨四点才完成八十辆大客车、八百辆小轿车的停车位画线工作。适逢正月初一过年,他又匆匆赶回山上参加早课了。

——依严

7. 师父在一九六〇年初,买下佛光山这块土地;在开山建寺时,我就跟随他出家参与工作。我觉得师父实在是一位高明的建筑师,他依山势把二条水沟变成一座净土洞窟,把不平的沟渠填成不二门前的平地;他在二山之间搭建一座桥梁,把朝山会馆和学院连系起来;甚至把普门中学那块不毛之地和全山连接起来,整个佛光山就变得四通八达了。

——依恒

8. 师父想提高僧侣的教育水准,计划开办研究院。但苦于没有地方,尤其缺乏师资,因此研究院必须办在台北。但商借别人的地方有诸多困难,不得已,师父说:"快过年了,我们回去煮面,希望能煮出一间房子来,供给学生读书。"师父说到做到。在我前往东京准备向师父告假,却到处找不到他时,原来他在厨房煮面。一见到我,就拿一碗面:"依空,你吃。"想起师公志开上人给师父的"半碗咸菜",我也是一样,热泪盈眶地把这碗面吃了下去。

——依空

9. 一九九一年我奉派到南非去开创道场。初到之时,见到一片广大的土地,心生惶恐。忽然间想起师父说的:"只要慈悲,无处不可以去。"刹时心中觉得师父与我同在。就这样,多少年后,我们同行者开创了南非的佛教。

——依来

师父其人——佛光山弟子口中的大师

摄于佛光山丛林学院（二〇〇二年）

10. 二十六年前在日本留学,一次师父带着师兄长们到日本开会,我也随侍在旁,当时因为没有别分院在日本,所以住宿在饭店。到了早餐时间,师父说他不饿,要我拿他的餐券和师兄们一起去吃。当时我天真地以为师父真的不饿,事后,长老师兄才告诉我,因为我没有住饭店,所以没有餐券。师父是自己忍着饥饿,把早餐让给我。慈悲伟大的师父啊!那是徒弟生平第一次吃到最丰盛、最美好,永生难忘的一餐!

——依昱

11. 我跟师父出家四十年了,过去经常替师父开车往来各地,如今承办旅行社为信众提供服务,但我从来没见师父买过东西。他生活自持甚俭,东西有就用,没有也不买。他说:"不买就是我的富贵。"师父是一个没有钱的富人。

——依照

12. 师父来台之初,台湾正处于白色恐怖的时期,他因为没有入台证,不敢在台湾居留,一度想计划应欧洲瑞士一位信徒之邀前去碰碰前途运气。后来,当时吴伯雄居士的父亲吴鸿麟先生,担任警民协会会长、省参议员,也是名医,他把师父带到警察局跟警察说:"替这位和尚报户口。"就这样,师父才能在台湾一住六十余年。因为这个因缘,师父一直很感谢吴伯雄居士全家。

——依宏

13. 早年师父在丛林求学,生活非常艰难。如他形容:汤清到可以洗碗,养成他吃饭简单的习惯,直到现在都是一饭一菜一杯茶,不一定美食,也是津津有味,这样竟也能培养他健壮的身体。

——依宣

14. 一九九六年四月,美国副总统戈尔先生到美国洛杉矶西来寺访问,原本是一件佛门的盛事,但因文化差异,过后新闻媒体大肆渲染与负面报道,对西来寺造成很大的威胁,甚至对海外弘法的未来都是一种挑战。师父上人一面感到爱莫能助,另一面却乐观地说:"感谢他们为西来寺做了免费的宣传!"师父遇到再大的挑战,都能以正面思考去面对看待。

——依日

15. 师父做事认真,无论什么事,经过他处理都能化繁就简,甚至乐在其中。像他挂单中坜圆光寺时,每天除了管理清洁卫生、扫厕所以外,还要打六百桶的井水,供应全寺大众生活之用。我们听到后都觉得他很辛苦,可是师父却笑笑说:其实很快乐,井水打惯了,像荡秋千一样,一桶一桶拉上来,不费什么力气。我们问他:"其实也没有人要求您,为什么一定要这么做?"师父说:"这是出家人挂单应该奉行的圭臬。"

——依航

16. 还在学院求学时,班上有一位同学严惠美家里事故,师父带着庄师父及我到台南探访,路过休息站时,正逢中午用餐时间。只见师父将菜盒子的咸菜挑出细叶来,庄法师觉得奇怪,一向不挑食的师父为什么今天会挑菜呢?此时师父开口了:"慈庄呀,把这些菜拿给依忍吃吧,她刚开完刀,不能吃硬的菜梗。"当时我含着眼泪感恩师父,并发愿生生世世一定做师父的弟子,以师心为己心,

以佛志为己志,来报答师父的恩德。

——依忍

17. 师父为佛教培养人才的信念至今没有改变,二〇一二年九月份的徒众讲习会,师父交代传灯会要为徒众办书画及各项作品展,我将一幅孔子刺绣图参展,会后在传灯楼门口遇到师父,师父问我:"你的作品有没有得奖?"我回答:"师父,我的作品纯为个人兴趣,难登大雅之堂,怎会得奖?"师父说:"你的作品很好啊!是大家不懂,如果是我,一定投你一票。"师父因为爱才惜才,所以佛光山人才众多,每个人都能充分发挥个人的才华,而这些人则散布在全球,让佛光普照三千界,法水长流五大洲。

——依圆

18. 师父曾经讲述,他出家初期,因为年幼,就在斋堂里当行堂替人添饭菜,一做就做了六年;也负责全寺用水,每天从山下挑水上山,一挑又是二年;之后,又到大寮做了一年半的典座,煮饭菜供应大众食用。师父对于做苦工一向发心,所以挂单在中坜圆光寺的时候,每天早上拉着"梨阿卡"(台语:人力车、拖板车)走十四里的路上街买米、买菜,有时东西过重,上坡时必须很用力,勉强拉上平地坡台后,经常因为过度用力而呕吐。有一位弟子听了以后,讶异地问:"其他的人到哪去了?别人都不用做吗?"师父淡淡地说:"大家都说我个子大、有力气。"其实,师父只是发心而已。

——依果

19. 一九八六年常住调派我到圆福寺担任住持,但心中却有万般不想,我认为寺院的住持、当家是老长工,不论做任何事情总是吃力不讨好,因此内心就非常地排斥去就任。师父看出我心里的想法,就对我说:"主管哪有先培养出来的,像我也是做中学。"这句话,打动我内心深处,勇敢承担了住持之职,经过一段时间,愈做愈明白师父"做中学"的奥妙,做起事来也就愈顺心、称职、积极。

——坚宽

20. 师父常说自己没受过教育,但是他办的教育比别人多好几倍;如:南华大学、佛光大学、西来大学、南天大学,还有幼稚园、小学、中学、高中、佛教学院等等。他更获得五大洲十余所大学颁赠荣誉博士学位,如中山大学、香港大学、澳大利亚格里菲斯大学等,他是一位博学多闻的教育先驱,也可以说集教育、文化、慈善于一身的人,称他是一位全方位的伟大师父也是应该的。

——慧济

21. 我们家族三代与师父的缘分很深,外祖父跟随师父出家法名叫慧和;二哥也在师父座下剃度叫慧龙,阿姨就是佛光山女众的大师兄慈庄法师。记得我幼年的时候,因为家中儿女众多,父亲多病,孩子由慈母抚育。父亲过世时,师父帮忙料理所有后事。几年前,在父亲逝世五十周年纪念日那天,师父见到母亲,简短说了一句:"你辛苦了!"这四个字,让母亲流下感动的眼泪。

——慧传

22. 二十年前,有一次我担任在家五戒菩萨戒会引礼工作,每天必须起得比戒子早。晚上戒子们休息了,工作人员还要集合开检讨会。几天下来,感觉到自己的身体有一些疲惫。戒期快圆满时，师父兼程从海外弘法赶回总本山和新戒开示。那时候，师父的行程马不停蹄，他对戒子的第一句话就说："我人是一个，命是一条，心是一点，体力还有一些，所以我尽可能赶回来和大家见面讲话。"师父就是这样一位为众忘我的人。

——慧宽

23. 有天晚上七点，师父召集全山大众，当时担任纠察的我就在门口等候师父，这时突然有个人跟我说："师父叫你不要动！"我转头一看，原来是师父的侍者。当天晚上会议从七点一直进行到十点多，会议结束时，师父当众对我说："慧昭啊！你辛苦了，你已经整整站了三个小时了。"话一说完，全场报以热烈掌声。慈悲细腻的师父，相当体谅弟子，让我的内心，感动得不能自已，更令我深深体会"静中养成，动中磨炼"的禅意。

——慧昭

24. "二〇一二佛光杯大学女子篮球赛"，邀请两岸大学八支球队在宜兰佛光大学比赛。开幕时，师父勉励所有参赛者："打球是学做人，球场上犯规随时要认错。"原来，一般人基于面子及尊严，要认错是一件不容易的事，但在球场能培养认错勇气，破除我执。师父真是将篮球与佛法义理作了最好的结合。

——慧思

25. 佛陀纪念馆落成后，每周都有数十万人来去，各式车辆穿梭其中，非常拥挤。师父慈示由我负责交通疏道，自己则在高处看我指挥的情况，再请人告诉我哪里需要改进。奇妙的是，只要听从师父的指示，所有交通问题都能迎刃而解。我疑惑地问："师父，您没有学过交通，怎么能这样恰到好处？"师父说："慧得啊，佛光山开山以来，每逢假日，我都在看交通状况，我已经看四十五年了。"师父对交通的问题实在很用心。

——慧得

26. 宜兰佛光大学建在林美山坡上，为了整地工程、建筑物以及学校营运支出，号召百万人兴学，花了新台币数十亿元。在此同时，全球各地弘法道场也纷纷建立，穷苦的日子很难过。弟子不解，何必这么辛苦？师父说，他就是希望佛光山贫穷，不要让佛光山有钱。原来，对弘法者而言，贫穷才有希望，贫穷才有道，贫穷才不会懒惰。

——慧僧

27. 有一天，听到师父跟一名弟子说，他到过绿岛、兰屿、东沙群岛、吉贝、七美，甚至金门、马祖多趟；还到过仰光金字塔、吴哥窟、敦煌石窟等。弟子说："师父，您到过这么多地方，我一次都没有去过。"师父反而说："这句话应该是我说的；我到过这么多地方，其实一次都没有到过。"在师父的心里，他一次都没有去过，因为他志不在游玩，而是从里面找智慧、弘法利生，所以从没觉得是去游玩。

——慧延

28. 师父行走全世界五大洲，创建道场、兴办教育，不论办报纸、电视台、杂志，还是弘法、工程等各项事务，他都亲自指导。他不怕忙，他总是说，闲暇、懈怠是罪恶。

——慧显

29. 年关将近,"佛光大道"的工程迫在眉睫,感谢常住让我在这个紧要的时刻担任监工。二〇一三年元月十六日,师父甫从宜兴返回隔天,因为关心工程进度,特别约我前去勘查。沿途我们坐在同一部车子里,在师父一个多小时的指导下,解决了我许多困难。只是时间过得很快,我看看手表,紧张地对师父说:"师父!我约了人,四点钟在传灯楼要开会。"师父指示我赶快去。我说:"那么我就在这里(礼敬大厅)下车吧。"师父回答我:"不必,我送你去。"当时,我很感动!师父这般细心与体谅。这若是走路去开会,至少也要十余分钟才能到达,我势必要失信于人,给人迟到的印象了。

——慧知

30. 师父谈到建筑时,常说佛光山建筑团队,都没有换过人,油漆工梁博志、总工头萧顶顺、木工、水电工、水泥工都是原班人马。师父认为,世间人做事必须订定契约,约束彼此;但他信仰的宗教,若不能用道德、信仰来维护人心,而是要靠法律、条约来维持信任,那么宗教就太落伍了。他认为宗教的功用应该胜于法律!所以,至今他与建筑工人相处如同家人,彼此不需制定合约,以真心交付。

——慧让

31. 举办高雄大树国际水果节期间,我们跟随师父多次察看农民的摊位,农民们纷纷走出来,将他们卖的水果捧出来供养师父。师父总是要我们替他把钱付给农民。有一次回来后,师父问我们一共花了多少钱?接着就把钱还给我们。师父对金钱、物质往来,就是这样清楚。

——慧浩

32. 徒众讲习会上，师父问在场的一千多名弟子："谁有问题，需要我帮助的？"一位弟子胆怯地举手："师父，我的威仪不好。"师父指着他说："你现在从东单走到西单，再走到我的面前来。"弟子小心翼翼走完，师父问："威仪变好了吗？"弟子欢喜点头，顶礼而退。师父虽然已八十七岁了，脚也行动不便，但他一生注意威仪，在信徒集会时，他总是尽量自己撑着拐杖上台，走路时身体永远都是挺直，如同大树一般，即使坐下，也是挺着背，一点都不显龙钟老态。

——慧祐

33. 佛光山举办青年夏令营，来参加的多数是没有信仰的青年，在营队结束前，一大群年轻人蹦蹦跳跳地跑至大师的开山寮外大喊："大师我爱你！"声音惊动了法堂内的大师，他走出来向大家挥手致意说："我也爱你们。"现场青年激动、尖叫，甚至有几位还留下感动的眼泪；本来有些青年怕佛门圣地，这样喊"爱"呀，会不会太过冒犯，没想到大师不但亲自出来，还这么亲切地回应年轻人的热情，让他们感动不已，多年后仍念念不忘。

——慧屏

34. 一九七六年秋，奉师命负笈日本东京大学印度哲学研究所攻读硕士，我请示师父应该研究哪一个宗派？师父轻描淡写地说："把僧鞋、僧衣、僧袜穿好。"原来，师父提醒我们要守住出家人的本分，切莫迷失于日本佛教在家化的现象中，言语虽简约，用心却深刻。

——心有

35. 我今年六十多岁，记得十九岁上山来，因不满二十岁出家，而成为第三代弟子。数十年来，我上面的师父有一千多人，第二代中也有比我年纪轻的师父。虽然年长他们多岁,但彼此不计较年纪。师父勉励我们:"在佛光山要想立德、立功、立言,不想立名。"师公叫我做第三代弟子,就因为他说的这一句话,我现在六十多岁了,还是第三代弟子。

——道悟

36. 平常我们看到师父必定衣冠整齐,有一次却看到他赤着脚在开山寮里走路。我问他怎么不穿鞋呢?师父说,赤脚走路可以增加健康。接着又说:初来台湾在法云寺看守山林,那时候没有鞋子,仅能穿着一双木屐在山上山下跑来跑去,久而久之,如履平地,原本一寸多高的木屐也几乎磨平了。最后木屐坏了,就赤着脚在山林里穿梭巡守,也练了一双好脚力。我感觉师父适应环境的能力,真是超人一等。

——永会

37. 年关将近,有一天早上,师父才写完五十张一笔字,侍者们就围着师父团团坐着,讨论今年的年节要怎么过。大家七嘴八舌,都说萧师姑做的汤圆最好吃,面线糊、米粉羹之类的台湾小吃师姑都会做,而且都做得很道地、很好吃……说到高兴处,大家竟然异口同声地鼓掌说:"萧师姑做什么都好吃。"这时候,师父忽然说道:"你们大家不可以这样讲,难道要师姑一直做你们的老奴,煮给你们吃吗?你们也应该要学习啊!"在旁的萧师姑听了师父的这些话,很感动,也很受用,师父这么了解她,体谅她今年已经快要八十岁了。

——心船

摄于加拿大落基山脉(一九九五年)

38. 我从中兴大学转到丛林学院就读时,有一次,对老师的处分感到很不满意,就跑去跟师父告状。师父耐心听完后就说:"你是一位是非分明、嫉恶如仇、善恶不两立的人……"我点头微笑,高兴师父如此了解我。接着,师父又说:"但是你只能接受光明、美好,你喜欢的、拥有的只是一个残缺的世间啊!"他并且用手把虚空一画,跟我说:"永固啊,肚量要像虚空。"当时,我恍若有悟,便不

再挂怀,感谢师父作礼而退。

——永固

39. 我在台南讲堂做住持的时候,讲堂内设有六间教室办理社区大学。师父关心学生人数和每个月费用情况,我据实告知。他说:"学生要多,收费要少,这是我们办学之道。"我想,这就是师父一切弘法事业的发展之道吧!

——永融

40. 师父一生守时,从不迟到,有时候在飞机场等客人,一等就是数个小时;或是寒冷的夜晚在山门口等待老师到学院授课。好几次徒弟于心不忍,请师父回寮休息,但师父都会说:"没有关系,我们等人就是艺术。"

——永光

41. 早期佛光山弘法事务还没有那么忙碌时,师父经常为来访的客人、义工倒茶。有的义工客气说:"我们是义工,不敢劳驾大师。"师父却说:"你们是佛教的义工,我是你们义工的义工。"

——永可

42. 早年师父创办云水医院,把医疗送到偏远地区,我是参与其中的护理人员。义诊队前往山区,走的都是土石山路,一遇到下雨,还可能会有突来的落石将车窗玻璃打碎,甚至连轮胎都卡在泥土里,还必须下来帮忙推车。每趟来回要四五个钟头,山区住户少,相对病患也少。有医护人员提出:"为何不将义诊地点改在市区?如此来回时间减少、油费减少、车辆折损也减少,看诊人增多了。"师父知道后就说："如果只图方便，没有病患，不晓得医护人员要做什么呢？"他就是这样不为艰苦困难所影响。

——永胜

43. 多年前一个晚上，师父召集大众于麻竹园开会，结束已近十点。师父说："大家辛苦了，五观堂有点心，请大家下去用。"走到五观堂惊讶地看到，师父正动作快速利落地为大家添面线羹，当下感动欢喜又愧不敢当，有些徒众想要自己来，但师父坚持为每人添一大碗面线羹。师父慈爱弟子的心意，令弟子永铭于心，不敢或忘。

——永瑞

44. 师父上人十二岁出家，弘法七十多年，将佛陀教法弘遍五大洲，他曾说："释迦牟尼佛从来没有现身为我摩顶说：'星云某某，你辛苦了！'但我对弘法的热忱及信心，始终一如，从来没有动摇。"记得有一次师父生病，医生帮他打了点滴，请他好好休息，但师父不但舍不得休息，还请人通知集合所有文化院执事，在如来殿梯型会议室开会。他左手吊着点滴，右手挥舞着，高声谈论对佛教文化工作的理想抱负，好多位徒众看到师父为法忘躯的精神，都不由自主流下感动的泪水。

——永懿

45. 阅读师父口述的《百年佛缘》，我感动得不能自已。我随师父出家数十年，知道师父的事情很多。像早期台湾社会男女众不平等，甚至女众不能上台，如今女众地位提升，许多杰出女性甚至登上讲台，担任讲师、教授等。像在佛陀纪念馆十八罗汉里，就有三尊是女性阿罗汉，但女性阿罗汉岂止三尊，三千、三万大有人在，感谢师父勇敢地提升女性和比丘尼的地位。

——永应

46. 记忆中，师父订好的行程没有改过，已买好的车票也不肯退。他说到一定做到，守时守信。即使遇到困难，也是想办法克服。他总认为不能因为片面的理由而失信于人，因此他实践诺言，永不退票，负责到底。

——永和

47. 佛陀纪念馆建设期间，为了增加绿化、美观，全山大众集体创作完成"祇园"的景观。原本在本山园艺作务的禅讲师研究院生，也换到佛馆照顾这些刚种的花草树木。当时，师父一日数回巡视工程，看到大家顶着大太阳打扫、浇水、拔草，总说："你们辛苦了。"其实，师父的辛苦他自己看不到，只看到别人的辛苦。

——永中

48. 我的师父，一向坐在法堂那张椅子上看报、沉思、写文章，即使到了晚年，眼睛看不到，他仍是坐在那张椅子上，听侍者给他念报纸、念文章。椅子前的那张长椭圆形的会议桌，供他吃饭、会客、请客、主持会议，多少重大的议案"运筹于帷幄之中，决胜于千里之外"。数十年如一日。

——永海

49. 早期山上曾出版《觉世》旬刊，而我在调到《觉世》工作之前，从没拿过照相机，但是一上任，立刻就要采访兼拍照。每次拍照时,师父只要看到我拿着照相机,站在采访现场左边,他自然就举起右手,做出优雅的手势;如果我站在右边,师父就换左手做手势,而我总在刹那间,赶快按下快门,抓住最佳画面。过了一年之后,我才领悟到,原来师父是为了训练我的拍照技术,而特别"配合演出"的。

——永杰

50. 有一天我站在师父身旁看他写字,旁边有一位徒众唠叨说,现在各地区寺庙维持都很困难,很多人士来参拜,除了吃饭、接待,还要纪念品,甚至要求借贷等,这位徒众生气地说:"我不要做当家住持了。"师父沉默不语,只写了二个字"有量"送给这名弟子。众人看到之后都哈哈一笑。师父就是这样应机说法。

——满谦

51. 师父无论走到哪里,都是一堆人围绕,没有秘密行程。他也常说:话无不可对人言,不喜欢我们耳语。有时徒众想说悄悄话给他听,他总是说:要说,就说给大家一起听。

——满可

52. 一九九〇年,师父挂单澳大利亚中天精舍,有一晚肚子饿了,当时厨艺还有待加强的我,鼓起勇气煮了一碗番茄面给师父品尝。没想到师父竟然说:"满信煮的番茄面,好香,真好吃!"我心想,师父真是鼓励徒弟,给人信心啊!二十年后有一天,他悄悄告诉我,他往来世界各地,忍耐大家给他吃了二十年的番茄面。因为自从那次之后,大家都以为师父喜欢吃番茄面。

——满信

53. 师父一生守时守信，但也因此备尝等人之苦，他曾自我解嘲说："我就这样'等'了一生。"师父为什么会养成守时的习惯，曾经听师父开示说，他小时候虽然没有受过教育，但有一次在路上听到洋学堂的小孩子念"短衣短裤上学去，从不迟到半分钟"，他觉得好懂、好记，从此就经常把这一句话像念佛一样的念在心里。所以后来他劝人念佛，都说："我念时间，一生守时间；你们念佛，还能不成佛吗？"

——满义

54. 二〇〇九年八月八日，"莫拉克"台风重创南台湾，佛光山受当地政府委托设立安置中心给受灾民众使用。师父慈悲指示，提供所有食宿所需，二十四小时全天候冷气开放，尊重原住民生活文化和信仰，不强迫念佛、吃素；设置吸烟区、吃槟榔区，提供房间做祷告室，甚至请牧师为他们布道等，以安抚民众受创的心灵。假如没有宽弘大量的胸怀，怎能做得到呢？

——满馨

55. 师父非常懂得利用"零碎时间"，无论是坐火车、汽车、飞机、轮船，不管花费多少时间，路程多么曲折，他总觉得时间不够用。他说："公路、天空是我的床铺，汽车、飞机是我的餐厅，一本书是我的世界，一支笔是我的大脑。"所以，多年来我看师父从来没有办公桌，他的许多著作，都是在火车和汽车上完成的。

——满益

56. 佛光山开山之初，师父为了培育青年人才，举办大专佛学夏令营。一次开营在即，山上水塔突然故障，次日要上山来的六百位大专青年的饮水洗澡成了棘手问题。白天,师父亲自督导工匠把水管修好,晚上不放心,还彻夜守在水塔边,耳朵贴在水塔壁上焦急倾听。直到凌晨三时,马达终于转动了,汩汩水声传来,师父才安心离开。多年后,师父向弟子们提到此事时说,要是水再不来,他发愿将全身血液变成清水,给即将上山来的大专青年洗澡饮用。伟大的师父!您为了弘扬佛法、利益众生,舍身舍命在所不惜。

——满欣

57. 二〇〇四年师父特地风尘仆仆地,从柏林搭机飞到维也纳,为维也纳佛光山举行安基典礼,一路上不时叮咛弟子:"维也纳是音乐之都,你会不会唱歌呢?你有没有设立规划音乐教室呢?"师父念念不忘的就是佛教的弘扬,而且弘法方式一定需要本土化,要与时俱进。

——满纶

58. 一九四九年初师父来到台湾,当时台湾一下子忽然增加了一百多位大陆来的僧侣,也不知道什么原因,台湾的警备总部突然下令逮捕,师父跟随慈航法师和这一百多人等坐了二十三天的牢狱。出狱的时候,有人安慰他辛苦了。师父却说:"没有关系,我在大陆时被关过十三天,在台湾也被关了二十三天,这都是替我消灾解难。"

——觉诚

59. 我从阿根廷回到台湾就读南华大学研究所的时候,记得有一次,忽然接到消息:百万人兴学功德主要到学校参观,并且要我们准备饭食。当时,也没有问清楚人数,以为只有几十人。当准备好了之后,我们还自得其乐呢。哪里知道,一来就是好几百个人。师父到厨房巡视后,这还得了,这么多人吃什么呢?他生气得把手中的拐棍用力朝地上一击,叫人到大林镇上把面包、面条、馒头、酱菜买回来,亲自煮了一锅罗汉汤。后来,弟子们向师父忏悔,师父说:"你们不懂饥饿的滋味,出家人最重要的,就是要慈悲,要有供养心。"

——觉培

60. 师父因为关怀众生,常常忧国忧民,对社会不公不义之事,经常撰写文章提出对当代社会的看法。但也因为热心众人之事,常遭不明人士反击,为此我们也会愤愤不平。师父却安慰我们:"我们指责人家,人家指责我们,这也很公平,有人批评我们,这也是替我们消灾,至少让不喜欢我们的人,心里会舒服一些。"

——觉元

61. 百丈禅师是"一日不作,一日不食",我的师父则是"一日做了,方肯进食"。我的师父一生从来没有任何假期,没有寒暑节庆,没有周休二日,没有放香,没有休闲,没有停顿,永远只有"忙",一生忙着给人无数的因缘。他说:"忙"就是营养。

——觉具

62. 师父说他从小就睡广单,几十个人一排,就好像在军队一样。后来到各地弘法,有时睡竹床、有时睡沙发,睡在地上也都是常有之事。甚至山上办活动,寮房不够,他也经常把床让给朋友、客人睡,自己就睡在露天阳台上,倒也泰然处之。到现在老了,也经常是一张椅子就可以入睡了。

——觉念

63. 师父从不叫人做事,无论扫地、洗碗、煮饭,都以身作则,因此他什么都自己来。当然,弟子看到师父在做了,自然就会跟着做。做的不好,师父也不嫌你,也不怪你笨拙,对于来者都表示欢迎,这就是师父的领导学了。

——觉泉

64. 我在普贤寺担任当家时,有一次遇到人事、寺务的考验,心中生起请辞的念头。回到本山法堂向师父请安,还没有开口,师父看到我就说:"觉华啊,不要起无明,不要愚痴,要学习'做难做之事,处难处之人。'"经他这么一说,我自觉应该信受奉行,自己渡过难关,便不敢开口,合掌而退。

——觉华

65. 师父一生重视教育,总是想方设法栽培弟子。常住成就、师父慈悲送我到大陆留学,记得将赴上海求学之际,临行前去跟师父告假,师父关切地问我钱够不够用,师父说:"如果没有钱,就跟普门经舍借,我再帮你还。"还对我说:"周末可以回来(普门经舍),不!随时想回来就回来。"远在异地他乡,天寒地冻挑灯夜读,每每想到师父对我们在外读书弟子的关切之情,心中就觉得无比温暖,读书也更加用功努力了!

——觉冠

66. 我初到新营讲堂担任主管期间,每逢山上供僧,也就是师父生日那天,总有信众会托转红包供养师父。我回到法堂直接交给师父,师父问也不问就说:"我不收钱。"这四个字影响着我,钱只有公家的,没有私人的,名闻利养要小心,免得失了道心。

——觉藏

67. 二〇〇二年我奉命调派日本本栖寺，当家要我承担厨房的职务。对于典座是门外汉的我，想到眼前迫切需要，也不好意思说"NO"，就硬着头承担下来。有一次，几位重要人士来寺挂单，早上五点半，我已经战战兢兢地在厨房准备，正在忙得不可开交，师父突然带着几位师兄到厨房关心。我见到师父驾临更是紧张的手脚发抖，心里想师父看我笨手笨脚，大概叫我不要做了。谁知道，师父反而温和地告诉我如何做菜，并且要身边的人一齐帮忙。在师父的指导下，大家井然有序地将一盘盘佳肴端上桌。那一次，师父不但"给"我机会学习，也"给"人吃得欢喜，让人宾至如归。

——觉是

68. 师父对生死总是云淡风轻，尽情燃烧他自己这把生命之火。二〇〇六年从欧洲返台，集众开示时他轻描淡写地说，弘法途中不小心轻微中风，还好没事了，让他体会到年岁已八十，必须"封人"了。当下我泪涔涔，师父是一个放得下色身，为大众续慧命的再来佛，谁又舍得他封人呢！当佛陀纪念馆落成之际，他又中风了，依然"当一天和尚，撞一天钟"，生死无畏。课徒教众外，拚命写一笔字，为"公益信托星云教育基金"募款，为文教、为两岸宗教交流及世界和平卖老命，他是一位"封而不休"的师父啊！

——觉禹

69. 师父从小在丛林里生活惯了，无论做什么，都喜欢和大众在一起。好比他虽然在佛光山退位了,但仍欢喜与大众一同用餐。有时候弘法忙碌,不能正常过堂,徒众就会准备便当,请他在安静的地方吃饭。有一次,师父一到宜兰佛光学舍,听说有近百位义工正在一同过堂用餐,他即刻把饭菜搬到斋堂,并且说:"我还是喜欢跟大众一起吃饭。"

——觉均

70. 师父对吃并不着意,虽患有糖尿病,但没有所谓的糖尿病菜单。他不愿劳烦徒众,不特别指定要吃什么,徒众给什么,他就吃什么,经常是一碗饭、一碗面配一杯热茶。他说:"一碗茶泡饭也是美味无比。"

——妙士

71. 常住任命我担任传灯会执行长,掌管全山大众奖惩、福利诸事。多年来,我没有感到师父特别照顾哪一个人,或特别不喜欢什么人。他对每一个人总是一律平等。徒众违反规矩,我没有办法,就向师父报告,他会为弟子说情。他总告诉我:"订法要严,执法要宽。"这大概就是他的管理学吧!

——妙志

72. 早期台湾有一位省议员陈泊汾先生,他护持佛光山万寿园取得执照,协助办理登记。事后,三十五年来,一直找寻不到这位陈议员居住何方。直到二〇一〇年,师父发现这对老夫妻和家人住在北部,特地叫萧碧霞师姑再三前往,恭请他们一定到佛光山来作客,以表示感谢。师父就是这么一位知恩必报的人。

——妙凡

73. 当我从佛学院结业后，第一次领职，根本不熟悉寺务行政，加上身在海外一切陌生，所以生活战战兢兢，烦恼也特别多。趁着师父法驾道场主持开光典礼赶紧向师父请教如何改变自己，师父说：要把一切不好听的语言，转化成陀罗尼，如此入耳入心，才能跳脱三界，不为烦恼无明束缚。之后我如此对境练习，十分受用。

——妙觉

74. 算来我奉父亲的命令出家替师父开车，也要二十年了。有一次，就读佛光大学的徒众们回来，想要参观佛陀纪念馆。正逢师父车子经过，师父叫他们一一上车。七人座小车竟挤进十九个人，我心疼会把车子压坏，安全堪虑，不高兴地说："不必一起上来嘛，等一会我再回来载你们。"师父一听低声跟我说："不可以这样，车子坏了可以换，人情坏了难以补救。"想来师父惜物，却更惜情。

——妙瑜

75. 二〇〇二年初，我奉派到日本刚刚创设的本栖寺服务，当时师父指导我们"爱护道场"就是找出一百个地方去关心。就这样，每天饭后师父跑香，我们就跟着他四处巡视寺内各角落。一次我们走到一栋荒废已久的小屋，临上阶梯，师父忽然停下脚步，大家一时会意不过来，当我们顺着他的视线往地下看去，原来有一只不到一公分大的飞蛾在那里游走。一位师兄见状伸手要驱赶它，师父轻声地说："小心，不要伤害它！"师父如此高大的身躯，怎么能看见地面上的微小众生？这始终是我心中的一个谜。我想，师父的慈悲就在一切细行，所以他可以看到别人看不到的，听到别人听不到的。

——妙杰

76. 有一回师父来南华大学,探视我们十多个读研究所的出家弟子。花了一个下午,一一询问大家的论文题目,给予建议,同时关心生活点滴。就在大家抱怨课业压力大,时间不够用时,难以兼顾常住的工作……师父淡淡地说:"学历不重要,心力才重要。"师父就是这样提醒我们,身为常住一分子应该要做的本分事。

——妙熙

77. 佛光山所以能由荒山辟为圣地,印证师父在开山时提出:"以众为我、以无为有、以退为进、以空为乐"的人生观。师父曾说,佛光山的事业大都因为信徒的需要而"推"着他去筹办,过程中,经常是"今日不知明日粮,日日难过日日过"。但师父认为,只要与佛法有关者,绝不轻易舍弃一法。即使庞大的弘法事业所费不赀,但师父每一分钱必定用在刀口上,不轻易浪费信徒喜舍的净财。

——妙文

78. 许多外面的人对师父不了解,说星云大师做生意、会赚钱,各种批评声音不断。徒众听了都气愤不已,认为他们造谣、胡说八道。但师父没有生气,反而安慰弟子说:"我们可以研究自己有没有这样,有则改之,无则加勉,生气不能解决问题。"

——妙任

79. 师父常说自己一生"以无为有"。他说:"我没有钱,大家就肯帮我;我没有人手,大家就愿意来协助。假如我有钱、有学问、我健全了,人家就不要给我了。"由于师父"无",所以无穷无尽、无量无边。因为这样的理念,师父反而得到更多、更好、更大,这也给

我们一个不同的看法。

——妙笙

80. "国史馆"要师父写《百年佛缘》,因而完成了这一部书。其实,他一生不只是这六十篇、八十余万言,他多彩多姿的一生,实在不是我们所能了解的啊!

——妙蕴

81. 师父的法堂里有一张椭圆型长条桌,绕一圈可以坐上二十多人。这张桌子经常围着满满的人,像是看诊一样,弟子们说出病因,师父再一一提示。几年前,常住调派我担任《人间福报》社长,我感到自己不能胜任,有一些事情也想插班听候师父的指导。好不容易轮到我,我却开不了口。师父问:"你怎么不讲话?"我说:"师父,问的人太多了,不敢增加您的辛苦。"师父却说:"我为别人辛苦,也可以为你辛苦。"这句话给我很大的力量。

——妙开

82. 二〇一二年佛陀纪念馆义工讲习会,有一位义工告诉师父,礼敬大厅二楼的"百元斋"划不来,因为他亲眼看到游客拿着菜盘,盛了一盘又一盘往外送给同来的眷属享用,却只付一百元。他愤慨地说:"这样的行为一定要制止。"师父淡淡地说:"既然是百元斋,我们佛门就不要怕人家吃。"佛光会员郭素好督导听到师父这样回答,当下对师父实践"给"的人生,有容乃大的心量,感动不已,因此发愿全家要一师一道护持佛光山。

——妙纪

摄于佛光山宝桥(二〇〇二年)

83. 有一次师父到佛光大学巡视,得知大学里约有三十多出家子弟在各系所服务或读书,他说:"我一个人在宜兰弘法,开展了佛光山五大洲,你们这么多人在宜兰,自问自己可发展出什么?"原来,师父要每个弟子都做星云大师,每个都超越他,而不是只做他的弟子。

——妙旸

84. 师父到美国西来寺弘法,都会住在山下的寮房。一天早晨,我送报纸去给师父。他一见到我,就叫我把桌上的食物吃了。我迟疑地说:"我吃了您的早餐,那您吃什么?"师父回答我:"我还不饿,你吃。"原来,那是信徒特地供养师父的美味早点。就这样,我吃了一顿终身难忘的早餐。

——妙华

85. 师父二〇一二年到花莲传授"三皈五戒",由于兴建中的月光寺没有电梯,一楼也没有寮房,担心视力只剩百分之五、行动不便的师父为难,因此向侍者妙香法师表示,要为师父安排有电梯的饭店。几天后,妙香法师告诉我师父要住道场,我惊讶不已。师父来到花莲的那晚,他老人家离开轮椅,扶着楼梯扶手在弟子们的引导下,一步一步走到二楼的寮房,我既感动又不忍。隔天一早六点不到,八十六岁的师父一样握着楼梯扶手,凭感觉一步一步走下来。这是我的师父,平凡的行为却有着不平凡的毅力与坚持。

——妙全

86. 师父没有"购买"的习惯,但要买时,从未想买便宜货,或占小便宜要优待打折,他总怕商人不赚钱,无以经营为生。有一次

徒众讲习会

佛光山自开山以来,至今已有海内外近三百多所道场,现有一千多名徒众。为促进本山徒众、学生的交流与共识,加强训练及建立宗门思想,每年由传灯会主办,于佛光山总本山举行"海内外徒众讲习会"。

佛光山寺每年一次的徒眾講習會(二○一○年九月三日至五日)

他在永和滴水书坊买书,店长秋香说:"出家师父优待打八折。"师父说:"我买书不用打折。"在一旁的我惭愧的无地自容,我曾为了买书有无折扣而决定买与不买,而师父的心中有店家,有爱看书的人,店家经营好,爱看书的人有书可看、有书可买,就有书香社会。师父平日看书、买书、送书、写书、盖图书馆、办书展、推广云水书车、推广终身学习,只有一生的自学、自我教育,没有折扣。

——妙因

87. 二○一二年九月八日,师父为已逝的五十年老友单国玺枢机主教在佛光山举行追思会。现场有来自不同团体的诗歌献唱,参与追思会的各界社会人士,无不为之动容。为送单枢机一程,曾两度中风,经常以轮椅代步的师父,拄着拐杖出席,在弟子搀扶下步伐蹒跚走进礼堂,参加殡葬弥撒。师父曾提出,宗教之间不要对立,大家彼此合作,让地球上所有人都能感受"爱"与"和谐"。追思会最后,师父还祝福单枢机在天国安息。他总是站在对方的立场来着想,让人看到宗教的融和,也见证了超越的道情法爱。

——妙麟

88. 二○○五年,师父到美国西来大学做为期一周的"当代问题探讨"座谈会,我负责英译。每天结束后回到西来寺,时间都是十点左右。负责开车的师兄都是直接把车子开回师父在西来寺山下的寮房,由大众护送师父回寮。当时,只有我一个是回西来寺山上的大慈庵,路程虽然安全,但有点遥远。隔天座谈会结束后,当车子转进西来寺入口的马路,师父突然跟开车的师兄说:"先上大慈庵,送妙西回家。"往后的几天,回家时都是先送我回大慈庵。我

当下感动不已,师父对徒弟就是这样体贴。

——妙西

89. 今年是出家第十八年,不料遭遇一场大车祸,断了锁骨与骨盆腔,让我在轮椅上度过两个多月,期间师父上人、长老师兄的关心,让我深受感动。在调养复原过程中,自己如同孩童重新练习走路,让我更体会师父坐在轮椅上的滋味。复原后我上山向师父销假,师父即刻关心地说:"妙静,伤筋断骨要休养一百天啊。"在我还没意会时,师父举起他的大手握着我:"你要保重!"当下,我眼泪流了下来,我心想,师父您的眼睛看不见,坐在轮椅上,需要保重的是您呀!我不禁誓愿要赶快好起来,为佛教、为常住做更多的事。

——妙静

90. 二〇一二年师父两度中风住院,但他老人家念念不忘佛馆、徒众,还特别向医生请假回来与我们接心。师父提到:"我一生中没有放过假,这次我要求医生让我放假回来看看大家。"师父以身传教,让我们体会奉献自己,才是生命真正的意义。他说,耐力是养成的,修行要修心力、慈悲、忍耐、愿力,不因病而休息。何谓修行?增加自己的力量才叫修行。

——妙醒

91. 师父的"慈悲无我"是由言行举止中散发出来的。二〇〇五年,师父一次在台北道场法堂集众开示,起头就说:"你们对我好不是真的好,对别人好才是真好。"这句话冲击着我的心,始终萦荡在我的脑海里,这不就是出家人应有的本怀吗!尤其师父"以众为我"，他总是让信众吃得饱住得安，他说"不忍众生苦是我一生的戒律"，我感动良深！他不要徒弟只是恭敬奉承，对众生好对信徒好，让很多人有得度的因缘才是真的好，佛法恒存，寺院才能永续经营啊。

——妙功

92. 师父因为视力模糊，许多东西都看不清楚，只能用耳朵听、用手触摸。弟子很贴心，经常会为师父准备收录音机、报时的手表。但师父第一个想到的是送给一个同样是视力微弱的弟子觉熙法师。在师父心中，每一个弟子都是最宝贵的，他都会想到徒弟需要什么，而不是自己需要什么。

——妙香

93. 师父以七八十岁高龄，动起毛笔来写字。经常有人来信要求为师父办书法展，我便把他写的字结集起来做世界性的巡回展出。他总是谦虚地说，他的字不好，不要看他的字，可以看他的心。行程密集的师父，当然没有太多时间写字，惜福的师父，总是将最后一滴的墨汁发挥到淋漓尽致。在师父身上，正可以印证师父惜墨如金的性格了。

——如常

94. 有一位住在潮州的丁居士到佛光山礼佛，他向我说他是潮州青商会的会长，有一次看电视，听到师父讲述在新竹青草湖担任讲师时，曾有一个小男孩见到一位老太太经常煮面给师父吃，这十多岁的小男孩就问："老师，老太太为什么老是煮面给你吃，不煮给我吃呢？"师父回答说："如果像我过去一样扫地，扫个十年后，你就有面吃了。"原来,师父口中的小男孩,就是这位潮州青商会的会长丁天降先生。丁先生过去曾听师父讲过没有钱寄家书的辛苦,便发愿要供养师父邮票,一直到现在,他送给佛光山的邮票不知有多少万张了。

——如庆

95. 在建设佛光山过程中,有一段时间买不起水泥。有一天来了一个人对师父说:"我们老板请你去念一堂经,如果你愿意,这寺庙的水泥就由我们老板包了。"师父听后当下拒绝。《联合报》的创办人王惕吾先生去世,师父感念《联合报》"正派办报"的精神,于是前去主持告别式,会后其公子送了一个红包给师父。师父告诉他:"人和人来往,金钱可以表示谢意,感情可以表示谢意,道义可以表示谢意,如果能超越金钱、超越感情、超越道义,另外结一点佛缘,不是更好?"从中可见师父是一个正派的出家人。

——如介

96. 我在园艺组服务时,有一次师父到普贤农场拍摄"佛光山的故事"。空档期间,师父勉励我:"要做义工的义工,带人要带心,美化道场更需美化人心。菩萨道的六度四摄,要在生活中体现,唯有用心。"这才明白师父的教导在每个细节里,鼓励我们要用心。

——如祥

97. 师父一生弘法,写下佛教界无数个第一,当各界盛赞他集建筑家、作家、教育家、艺文家、出版家、慈善家、社会观察家、佛教改革家……等身份于一身时,他却淡淡地说:"我什么家都不是,我只是一个出家人。"师父一生秉持非佛不做,外界的称赞毁誉并不放在心上,心心念念只为了弘扬人间佛教,不仅口说,更是身教。

——如道

98. 二〇〇一年父亲往生奉安于佛光山万寿园,当佛事圆满后,带着家人途经麻竹园时,见到师父和青年团孩子们快乐的在门口拍照。羞涩的家人带着羡慕的眼神正想悄悄地从旁经过,没料到师父竟慈悲地挥手,让家人过来和他一起合照,并亲切地指导大家要怎么站定位,才能拍出好照片。师父常教导我们要做不请之友,如今身教之下让我见到望之俨然即之也温的师父,更让家人在受宠若惊中,体会到人间佛教的亲切与温暖,疗慰了丧亲之痛。

——如进

99. 佛光山佛陀纪念馆落成前,曾举办为期几个月的徒众培训班。在同一单位三年以上的徒众,纷纷利用这个难得的机会,转换跑道。一天,吃饭的时候,有一位主管,无意间看到培训班的名单,惊叹地说:"哇!真了不起!某法师,在那个单位已经十三年了!"只见师父不动声色,一骨碌地将手边的豆浆面滑进肚子里,然后不疾不徐地说:"某祖师,在大寮典座,一做就是六十年!"现场顿时鸦雀无声。

——有敬

100. 师父患有糖尿病五十多年、心脏病二十多年,眼睛因糖尿病产生病变,尤其近几年来,因为眼底钙化,视力几乎等于零,双手也是不听使唤而颤抖。但师父不以为苦,八十多岁的年龄,每天仍孜孜不倦写字,从未见过他有放香日。师父说:"横竖我看不到,就一笔给它写到底了。"

——有圆

101. 二〇〇五年麦积山佛像来到佛光山展出,负责的徒众挑了二三十尊完好的佛像预备购买下来。师父知道后指示说:"不管佛像的样式,应该全部接受下来,这才是最真心的供养。"师父不但恭敬佛像,也是体贴他人搬运的麻烦吧。

——有法

102. 八十六岁的脸庞,却有着十八岁坚定的神情。每写完一张,你就会瞧见一手拿着毛笔,一边问着旁人:"字有歪吗?大小有不一吗?字太粗或太细呢?"只要有一点点批评的声音,你的耳边就会响起"再来,再来"二字。这就是我家师父,凡事力求做到最好,并且有接受他人批评的雅量。

——有泰

103. 丛林学院女众学部是佛光山第一栋建筑物,开山时,师父亲自带领弟子们挑石运土地一块块填为平地,至今已迈入五十周年,历经多少人事变迁、物换星移。令人佩服的是师父虽然年事已高,加上罹患糖尿病多年,近年来视力已严重模糊,对于佛学院每间教室、办公室、寮区等角落的命名,甚至一草一木却如数家珍,一字不漏,原来佛学院一直都在师父的心眼里。

——知平

104. 六十多年的岁月,我以在家众身份跟随师父学佛,协助开山、设立海内外道场等,做了二十年朝山会馆馆长、二十年财务

师父其人——佛光山弟子口中的大师

摄于加拿大落基山脉(一九九五年)

会计,甚至被选为宗务委员会唯一在家众委员。但这些都不重要,多年来,我们心甘情愿、无怨无悔,只为报效佛教、光大佛法,这才是我们师姑们的心声。

——萧碧霞师姑

105. 我在佛光山近四十年,最初常住不准养狗,师父也是不主张。但山区辽阔,忽然来了好几只狗,他也就不再过问了。但是狗认得主人,两代"来发"的故事,在佛光山是无人不知。找不到师父,找到来发,就知道师父一定在左近。一般人养狗都不把狗当人一样,但师父不同,他说,人饿了会讲话,狗饿了不会说话,所以他特别关心狗的饮食。有一次,他炒饭给狗吃,炒好以后,叫我要等凉一点再给狗子吃,因为它们不知食物的冷热。从师父对小狗的体贴,就可以知道他对人的关怀了。

——黄惇靖师姑

106. 师父从佛光山住持退位前,召集大慈院童话家常,并且要院童提问。有一位小朋友问:"师公,您那么忙,为什么还要来看我们呢?"当时师父轻描淡写地说:"我为别人忙,我也可以为你们忙呀!"小朋友闻言,欢喜得眉开眼笑。

——萧碧凉师姑

107. 一次,师父要我代拨一通电话到总机,可是电话响了很久没人接,过一会儿只见师父突然想到什么似的连忙挂上电话,我问师父:"没人接啊?"他回答说:"有啊!"接着我问:"好不容易有人接电话,为何又要挂断呢?"师父说:"如果对方听出我的声音,而电话响了这么久才接,心中肯定会担心受到责备。"师父啊!师父,您的慈悲心总是这么不露痕迹。

——黄美华师姑

108. 一九八九年师父曾带领我们佛学院师生到澎湖参访。出门前,大师发给每人二百元的零用金,说:"钱,用了才是你的,学习运用智慧,就能广结善缘。"当我们上百人到澎湖的海边风景区观海时,两旁摊贩无不翘首以盼,投以期待的眼神。不久,同学陆续分散到各摊位上,交谈声此起彼落,离开时手里多少都提了些东西。当我们开心地在海边绕一圈要离去时,每个摊贩面带笑容,还有人对我们合掌。顿时我明白了大师的用心,佛门教育要用智慧"买"东西,原来买的是无比珍贵的善缘、佛缘及欢喜啊!

——黄美素师姑

星云大师弘法大事纪

一九二七年

八月十九日（农历七月二十二日）

- 生于江苏江都。俗名李国深，父亲李成保，母亲刘玉英，家中排行第三，上有一兄一姐，下有一弟。

一九三二年

- 随外婆常住于万佛庵中，并随外婆参加各处善门的聚会。

一九三七年

- 卢沟桥事变发生，中日战争开始。

一九三八年

- 随母亲至南京找寻失散的父亲,以此因缘在栖霞山寺礼志开上人披剃出家,由融斋法师提取法名悟彻,号今觉。祖庭为江苏宜兴白塔山大觉寺。
- 成为栖霞律学院旁听生。

一九三九年

- 进入栖霞律学院就读。

一九四一年

- 春,于栖霞山寺乞受三坛大戒,得戒和尚为若舜长老,羯摩和尚为青权长老,教授和尚为仁山长老。《同戒录》编为二十五坛坛头。

一九四四年

- 于常州天宁寺参学。

一九四五年

- 进入焦山佛学院就读。

一九四六年

- 担任《新江苏报》的"新思潮"副刊撰稿人。

一九四七年

- 为徐州的《徐报》主编"霞光"副刊。

- 担任白塔国民小学校长。
- 曾为地方政府误为通敌,入狱十三天,险被枪毙。

一九四八年

- 与同学智勇法师创办《怒涛》月刊。
- 任南京华藏寺监院,后又担任住持。

一九四九年

- 组织"僧侣救护队"来台。
- 被诬陷为"匪谍",与慈航法师等人一同被捕,入狱二十三天。幸经孙张清扬、吴经明居士等人奔走而获保释;后几次遭受白色恐怖磨难。
- 经中坜圆光寺妙果老和尚留单,发心出坡作务苦役,利用闲暇之余笔耕,并陆续投稿于《觉生》、《觉群》、《人生》、《自由青年》、《菩提树》等佛教杂志。
- 获吴鸿麟老先生担保,顺利申请台湾身份证,得以居留台湾。
- 至台中主编复刊后的《觉群》周报。

一九五〇年

- 至苗栗法云寺看守山林三个月余。

一九五一年

十月二十二日
- 花莲发生七点一级大地震,发起募款救灾。

十一月
- 应东初法师之邀,担任《人生》月刊督印人兼主编。

十二月
- 于台北参与监狱弘法团,与南亭、广慈法师,马性慧、李子宽、刘中一、陈慧复等居士轮流至监狱宣讲。
- 冬,出任"台湾佛教讲习会"(佛学院)教务主任。

一九五二年

八月三十日
- 于"中国佛教会"第二届代表大会中,当选"中国佛教会"常务理事。出席理事二十五人,获得二十一票。

九月
- 针对"中国佛教会"第二届代表大会现况,撰文《我为什么要辞"中佛会"常务理事》,刊登于《人生》月刊第四卷第十期。
- 冬,翻译日人森下大圆著作,为《观世音菩萨普门品讲话》。

一九五三年

二月十日
- 开始撰写佛教小说《玉琳国师》。

三月十五日
- 应宜兰李决和、张辉水、林松年、林长青、马腾等居士之礼请,于宜兰雷音寺宣讲《观世音菩萨普门品》十九天,每日听讲人数近三百人。日后,应信徒请法,驻锡雷音寺,积极展开各项弘法。

四月
- 相继成立宜兰、苏澳等念佛会。

四月八日
- 为佛诞节撰写新诗《伟大的佛陀》,刊登于《菩提树》月刊第五期。

五月
- 译作《观世音菩萨普门品讲话》出版。

五月二十日
- 带领各念佛会庆祝佛诞节,并于雷音寺主持浴佛典礼。
- 将雷音寺每周六的念佛会,组织成为宜兰念佛会,带动宜兰学佛共修风气。日后宜兰念佛会相继成立助念团、弘法组、歌咏队等。
- 相继成立头城、罗东念佛会。
- 成立"佛教儿童星期学校",为各别分院儿童班及海外中华学校起源。
- 成立光华补习班,课目分国文、英文、数学、理化、簿记等。
- 将宜兰市四十八里编为四十八班,如:慈悲里、菩提里、般若里等,按里分班,各设班长一人,为组织信徒之开始。

七月
- 著作《无声息的歌唱》出版。

七月十四日
- 高雄凤山佛教莲社住持煮云法师,为纪念该社落成,举行七天布教大会,应邀前往讲演"如何医治人生大病"、"如何过自主安乐的生活"、"学佛应有两点认识"等三场讲座,听者五千余人。开启日后与高雄信众的法缘。"如何医治人生大病"讲演内容后刊载于《菩提树》月刊第十、十一期。

七月
- 协助筹建高雄佛教堂。

九月七日
- 应邀前往台北市中山北路立信会计职业学校讲演,讲题为"佛教的数学"。讲演内容后刊载于《人生》月刊第五卷第十期。

十月八日
- 为煮云法师著作《南海普陀山传奇异闻录》作序。

十月十八日
- 受宜兰监狱教化科科长施一心居士之邀,莅监讲演"做人要立志"。

一九五四年

- 于宜兰念佛会向信众推动饮食前先供养三宝,并鼓励在家佛教青年配带卍字项链。

一月十日
- 开始于《人生》月刊第六卷第一期连载《释迦牟尼佛传》。

一月十五日
- 于台湾省佛教分会第五届会员代表大会中,当选为宜兰县佛教支会理事。

三月十九日
- 于雷音寺宣讲《金刚般若波罗蜜经》,以教学方式讲授,并于月底举行第一次《金刚经》会考,前三名依序为李新桃、何石莹、周德。

四月四日
- 成立佛教青年歌咏队,创作佛教歌曲《西方》、《弘法者之歌》等,由杨勇溥先生谱曲,并订立宜兰念佛会佛教歌咏队章程。

四月十三日
- 参与筹备的高雄佛教堂,由市长谢挣强主持安基开工。

五月
- 著作《玉琳国师》出版。

五月八日

- 带领宜兰念佛会庆祝佛诞节。庆祝活动持续四天,有游行、念佛、放映幻灯片、浴佛典礼、表演晚会,并演出佛教话剧,近八千人参加。可谓利用幻灯片、音乐布教,开创现代化布教之始。

五月二十日

- 慈航法师圆寂,感念撰文《伟大与崇高——纪念我最景仰的慈公老人》,刊于《菩提树》月刊第十九期。

六月十日

- 撰文《苦海何处觅慈航》以纪念慈航法师,刊于《人生》月刊第六卷第六期。

六月十三日

- 于雷音寺主持慈航法师追思会,参加者共两百余人。

六月十六日

- 于雷音寺举行皈依典礼,皈依者八十多人,多为宜兰中学及兰阳女中青年学生,有慈容法师等人皈依。

七月八日

- 于《菩提树》月刊第二十期发表佛教歌曲乐谱,创作佛教歌词《菩提树》、《快皈投佛陀座下》等。

八月十六日

- 应澎湖佛教支会理事长广慈法师之邀,至澎湖布教,有煮云、心然等法师,朱斐、李新桃等居士一同参与。

九月

- 成立佛教青年弘法队,带领青年至各乡镇布教。由通讯兵学校裴德鉴上校担任队长。
- 搜集佛教歌曲多首,油印成宜兰念佛会佛教歌咏队歌集

一册。

十月十七日

- 应"中国佛教会"广播组周子慎、李用谋等居士之邀,与杨勇溥先生带领佛教青年歌咏队十六位团员至台北"中国广播电台"录唱佛教歌曲,以便每周六于广播电台佛教之声广播,计录音歌曲有《钟声》、《晨》、《快皈投佛陀座下》、《念佛歌》、《赞佛歌》、《菩提树》、《赞僧歌》、《西方》等,为"中国佛教会"第一次以音乐弘法布教后,并录制唱片。"中国佛教会"赠以"法音宣流"锦旗纪念。

十一月十六日

- 著作《玉琳国师》改编成沪剧,由正义沪剧团登台演出,受邀登台讲演。

一九五五年

一月二十四日

- 于农历过年初一带领宜兰念佛会,至各莲友家做家庭访问并拜年,为莲友唱诵佛歌、祈福,沿途接受民众临时邀约,共至六十四家访问。

四月三十日

- 受高雄前镇布教所之邀,于该日至五月二日前往布教。

五月三日

- 高雄佛教堂第一期工程竣工,受信众陈文、陈明、宋仁先、陈仁和等居士之邀,于该日至五月十二日宣讲《普门品》,每日听讲者千余人。

五月十三日

- 应嘉义前佛教会理事长天龙寺住持陈登元居士之邀,前往嘉义天龙寺、义德堂、普济寺布教,讲演"佛陀的弟子"、"从生到死"、"伟哉佛教"、"佛教与基督教之比较"。

五月十六日

- 受凤山佛教莲社信众李迁、陈天富、姚登榜等居士之请,至凤山布教。

八月

- 出版《释迦牟尼佛传》,为佛教界第一本精装书。

八月八日

- 开始撰写《佛陀的十大弟子小传》。

九月十日

- 由宜兰念佛会青年吴慈容、林慈菘记录宜兰念佛会周六共修开示内容"为什么要念佛?"

九月十七日

- 应中华佛教文化馆"影印大藏经委员会"之邀出任领队,由南亭法师为团长,发起环岛布教,与煮云、广慈法师、林松年、李决和、张慈惠、吴慈容、谢慈范、张慈莲等居士一行二十余人,环岛宣传影印大藏经。

十月二十七日

- 影印大藏经环岛宣传团圆满完成任务,返抵台北。该团由宜兰、花莲、台东、屏东、高雄一路北行,共至二十七个县市镇,宣传大藏经,达预约订户一百七十余部大藏经。代表宜兰念佛会歌咏队接受由东初法师代表"印藏会"致赠的"法音圆润"锦旗。

十一月二十七日

- 于高雄佛教堂第二期工程前,应邀前往讲说《般若波罗蜜多心经》,并举行皈依典礼,共有三百多人皈依。佛教堂全体会员一致请求驻锡高雄佛教堂弘法。

一九五六年

四月二十九日

- 雷音寺"念佛会讲堂"落成,由章嘉大师主持落成典礼,孙张清扬女士揭幕,宜兰县长、议长皆出席,为佛教界首座专为说法及共修的讲堂。各界人士甚为重视,并建议可定此日为宜兰县人民光荣日。

五月十五日

- 著作《释迦牟尼佛传》精装本,读者反应热烈,继续再版。

五月二十七日

- 推荐成一法师担任头城募善堂住持及念佛会导师,并于该日举行就职典礼。

七月八日

- 应高雄佛教堂礼请担任监院,月基和尚担任高雄佛教堂第一任住持,于当日中午升座。

八月四日

- 与章嘉、太沧、南亭、道安、斌宗、心悟、东初法师等十七人,应"内政部"任命为"中国佛教会"整理委员,执行维持会务、清理会籍、登记会员及筹备改选等事宜。后于十八日组成"中国佛教整理委员会"。

十月

- 缅甸民主党领袖德钦巴盛氏来台访问,与"中国佛教整理委员会"于台北善导寺迎接。
- 冬,筹备佛教第一所幼稚园——宜兰市慈爱幼稚园。

一九五七年

- 于新北投购得普门精舍作为道场,为来台游化多年,第一个安住写作之所。
- 放弃进入日本大正大学博士班入学就读的机会。
- 出版佛教第一张圣歌唱片。
- 于宜兰民本电台制作"佛教之声"广播节目,由宜兰歌咏队青年张慈惠、吴慈容、郑慈嘉、范慈证等人主持。

四月一日

- 担任《觉世》旬刊创刊号主编,并开设定期专栏"十日佛教"(自五月一日起更名为"我们的话"),内容以佛教相关时事为主题。

四月三日

- 宜兰县佛教支会改选理监事,当选为宜兰县佛教支会理事。

四月十一日

- 宜兰市慈爱幼稚园安基。

五月五日

- 带领宜兰念佛会庆祝佛诞节,活动从五日至七日(农历四月初八)共三天。庆祝活动包含环县宣传、提灯大会、庆祝大典,安排有佛像队、西乐队、中乐队、鼓笛队、脚踏车队等沿路游行,并施放高空佛诞烟火,数万人夹道与会。

五月十二日

- 高雄佛教堂因等待佛教堂屋顶完工,故延后庆祝佛诞,共举行四天庆祝活动,应邀前往讲演,由张慈惠小姐台语翻译。

六月十九日

- 于宜兰念佛会讲堂宣讲《大宝积经妙慧童女经》,由张慈惠小姐台语翻译。

六月二十一日

- 于《觉世》旬刊撰文连载专栏"佛教妇女的故事"。

八月

- 宜兰市慈爱幼稚园落成,并经由董事会通过,担任慈爱幼稚园董事长。董事会聘任张慈惠小姐为园主任,林慈菘、吴慈容、杨慈曼三人为教师,并于九月四日举行开学典礼,首届计有学童一百七十余名。

十一月二十二日

- 前往高雄佛教堂宣讲《金刚般若波罗蜜经》,自该日起至十二月七日圆满。

十二月

- 筹备高雄佛教堂附设幼稚园,并组成董事会,月基法师为董事长,大师担任常务董事,拟定名为"私立慈育幼稚园"。

一九五八年

- 倡印"每月一经",将艰涩难懂的经文采新式标点符号,分段、分行,使经文容易阅读、更加流通。

二月二日

- 慈爱幼稚园举办第一届第一学期寒假休学典礼及恳亲会,并由学童们表演二十余个节目,地方人士及家长五百余人出席。

三月一日

- 慈爱幼稚园应"陆军通信学校"之邀,前往劳军表演。

三月九日

- 筹备的高雄佛教堂附设的慈育幼稚园开学,由宜兰佛教歌咏队青年吴素真(慈容)担任园长,首届学童共有一百八十五名。

四月二十四日

- 应龙岩糖厂生产股主任赵望夫妇、张保凤居士之邀,与成一法师前往糖厂村布教,听讲者近四百人,反应热烈,一结束当即要求隔日续讲。

五月二十四日

- 带领宜兰念佛会庆祝佛诞节,从该日起至二十六日展开活动,并于慈爱幼稚园中展出海内外佛教活动照片,有近千张展示。

五月二十五日

- 宜兰佛教支会扩大举行佛诞庆祝活动,有宜兰、头城、罗东三念佛会及各布教所共同环县宣传。

六月二十三日

- 于宜兰念佛会讲堂宣讲《维摩诘经》。

十月十一日

- 受宜兰农业学校校长彭家瑞、教务主任李中华之邀,前往该校讲演,讲题"青年修养与信仰",有近六百名高中部学生听讲。

十二月六日

- 受宜兰县立三星中学顾大荣校长、教务主任孟心铭之邀,带领佛教青年弘法队、慈爱幼稚园学童一行十余人,前往该校布教,讲题"佛教与做人做事"。

十二月十五日

- 应"内政部"之邀前往善导寺,参加由"内政部"主办,为安定社会,发挥宗教力量,挽救人心的扩大改良社会风气座谈会。并由"内政部长"田炯锦主持,有佛教界人士甘珠活佛、印顺、演培、南亭、东初等法师及媒体记者五十余人与会。会中一致建议扩大弘扬佛法,以维系人心。

十二月十九日

• 带领宜兰念佛会举办信徒大会。会前唱诵《三宝歌》,并备有结缘摸彩、放映"兆民献寿"、"护国息灾法会"影片等活动,共有五百余位信徒参加。

一九五九年

三月

• 著作《十大弟子传》出版。

三月三十日

• 前往台北善导寺,出席由《觉世》旬刊、《海潮音》杂志、《人生》月刊、《佛教青年》、《今日佛教》等共同发起的爱民护教大会。

五月十四日

• 带领宜兰念佛会举办庆祝佛诞节活动,举行提灯化装大游行,共有一万余人参加,造成宜兰空前未有的热烈场面。

五月二十四日

• 宜兰县佛教支会召开第四届第一次会员代表大会,当选为宜兰县佛教支会理事长。

六月六日

• 应台北县三重镇一信堂之邀,前往宣讲《般若波罗蜜多心经》。十一日讲经圆满,立即有三十九人请求皈依。

六月七日

• 借址台北市大龙峒平光寺大雄宝殿成立台北念佛会,参加者近八十人。并于会中开示,不论男女老少均应勤习佛陀教法,"光荣归于佛陀,成就归于大众"。

八月八日

• 应"青年救国团"暑期战斗训练高山野营队之邀,攀登海拔二千余公尺太平山，换乘三座空中缆车到达营队，为该营海内外一百余名队员精神讲话，讲题"生命安定的力量"。讲演结束，青年学子一致要求续讲，并于课后要求签名题字留念。

八月九日

- 宜兰念佛会近期成立学生会，由各大专学校青年四十余人组成，并于该日举办暑期第一次郊游会。

九月十八日

- 于台北念佛会临时会址平光寺宣讲《八大人觉经》，从该日至二十四日圆满。

十月六日

- 于宜兰念佛会宣讲《大乘起信论》，从该日至二十日圆满。
- 台北三重埔"佛教文化服务处"正式开幕。多位宜兰歌咏队青年共同出资成立，如日后跟随出家的心平、慈庄、慈惠法师等。

一九六〇年

- 主编《今日佛教》。

一月一日

- 宜兰念佛会应宜兰"救国团"之邀，前往宜兰县政府大礼堂，举行庆祝元旦佛教布教游艺晚会。

四月十日

- 以笔名"摩迦"撰文《当前的佛教应做些什么？》刊登于《人生》月刊第十二卷第四期。

七月

- 著作《八大人觉经十讲》出版。

十二月十八日

- 云林电台"佛教之声"节目主持人李玉小姐，为让听众了解

佛陀弟子修持经过,每天早上八点至八点半于电台朗读播放著作《十大弟子传》。

十二月二十五日

- 宜兰念佛会召开会员大会,共有四十八班代表六百余位会员出席。

十二月二十八日

- 带领宜兰念佛会举办弥陀佛七,于该日至隔年一月四日圆满。每日信众人数近三千人,于念佛会讲堂、雷音寺大雄宝殿、慈爱幼稚园等分为六处同时念佛。

一九六一年

- 发起组织编辑"中英对照佛学丛书"委员会。隔年五月一日,陆续发行《经典之部》、《教理之部》,为首部中英对照佛学藏经。
- 担任《今日佛教》发行人。

二月十一日

- 为铁路局宜兰运务段段长张文炳居士之女张光正,政工干校李奇茂先生于宜兰念佛会主持佛化婚礼。由宜兰念佛会歌咏队献唱大师所写《佛化婚礼祝歌》,为主持证婚的第一对佛化婚礼佳偶。

二月十二日

- 受宜兰监狱教化科许科长之邀,前往监狱弘法,讲题"解脱的方法"。

三月

- 继《十大弟子传》后,云林电台"佛教之声"节目于同一时段播读著作《玉琳国师》。

四月

• 受"中国广播公司"宜兰台台长温世光先生邀请,于中广宜兰台开辟佛教节目。遂辟"觉世之声",内容包含佛教动态、佛教讲座、佛教解答、佛教圣歌、佛教家庭、佛教故事、佛教赞偈等,播送时间为每日早上六点十分至六点三十,由宜兰歌咏队青年张慈惠、吴慈容、郑慈嘉、范慈证等人主持。首次为政府设立的电台播放佛教节目。

五月二十日

• 带领宜兰念佛会庆祝佛诞节,于该日至二十二日共分为三天庆祝,举办佛诞园游会,设有多种游艺、点心摊位,并备有一万瓶佛诞汽水、一万包佛诞糖果分送给参与的民众。三天庆祝活动中,宜兰民本电台"佛教之声"、"中国广播公司"宜兰电台"佛教之声"制播佛诞特别节目播放。

五月二十二

• 云林广播电台"佛教之声"举办有奖征答比赛,应节目之邀,为比赛拟定十道问题,并担任评审。

五月二十三

• 于三重佛教文化服务处楼上一信堂宣讲《观无量寿经》两个星期,由张慈惠小姐台语翻译。

六月

• 应云林广播电台"佛教之声"主持人李玉小姐之邀,与成一法师于电台弘法一小时。

九月

• 领导宜兰青年歌咏队灌制全台湾第一套佛教唱片,内容有赞偈、佛教圣歌,全套六张,并以预约方式请购。

九月十五日

• 波密拉台风袭台,宜兰地区灾情惨重,和国民党宜兰县党部主任委员黎元誉、宜兰县民众服务处主任赵中午等人,于十五、十六日至罗东、冬山、三星、苏澳等十二乡镇救灾。

十二月十七日
- 连任宜兰县佛教支会理事长。

一九六二年

- 高雄寿山寺动土开工。

五月二十一日
- 自张若虚居士手中接办《觉世》旬刊,自一八一期开始担任发行人。

六月十九日
- 金狮影业公司根据所著《释迦牟尼佛传》改编,拍摄台语电影,全省放映。

七月一日
- 执笔《觉世》旬刊专栏"疏雨集"。

八月五日
- "欧珀"台风横扫宜兰,雷音寺大雄宝殿遭受损毁。后将原寺重建为四层楼高的大殿。

一九六三年

一月一日
- 大弟子心平剃发出家,为临济宗第四十九代,栖霞中兴第六代,佛光山寺第二代弟子。于基隆海会寺受戒。

六月二十六日
- 与白圣法师等人组成台湾佛教访问团,访问泰国、印度、马来西亚、新加坡、菲律宾、日本和香港等国家和地区,共费时两个半月。期间会见泰王普密蓬、印度总理尼赫鲁及菲律宾总统马卡帕加尔等人；于印度要求释放七百名被捕华人，救出两艘高雄渔船。全程以日记记录，后集成《海天游踪》一书。

一九六四年

四月
- 著作《海天游踪》出版。

十一月
- 寿山寺落成。

一九六五年

二月
- 创办"寿山佛学院"。
- 与南亭、悟一法师共同创办佛教"智光商工职业学校"。

七月三十日
- 著作《觉世论丛》出版。

一九六七年

- 接办宜兰基督教创办之"兰阳救济院"（今仁爱之家），收容无依老人百余人。
- 变卖高雄佛教文化服务处房屋，购得高雄县大树乡麻竹园二十余甲山坡地作为建寺用地，于五月十六日动土，定名为"佛光山"。
- 寿山佛学院移址佛光山，更名为"东方佛教学院"。

一九六八年

- 东方佛教学院院舍落成。

一月七日

- 东方佛教学院(原寿山佛学院)举行第一届毕业典礼。

一九六九年

- 弟子慈惠、慈嘉、慈怡等人赴日深造,为佛光山第一批留学生。后相继有慈庄、慈容、依昱、依空、依恩、慧开、依法、依益、永东、永有、满纪、觉诚、觉明、觉冠、觉舫、满升、妙皇等人,分别至大陆及日、韩、印、美、英、法、巴西等世界各地留学。

七月十八日

- 举办"第一届佛光山大专佛学夏令营",为期两周,共有二十六所大专院校,近一百位学生参加。

一九七〇年

十二月十五日

- "大慈育幼院"成立,为佛教界第一所收容国际儿童之育幼院。

一九七一年

- 当选"中日佛教关系促进会"会长。

四月十一日

- 大悲殿落成暨佛像开光,为台湾佛教界首座采用中国宫殿式的建筑。
- 首次传授"万佛在家菩萨戒会"。

一九七二年

- 制订佛光山宗务委员会组织章程,自此佛光山成为有制度、有组织的现代教团。

十月九日
- 《释迦牟尼佛传》改编为连续剧《佛祖传》在"台视"播出。
- 新加坡总理李光耀伉俪来佛光山访问。

一九七三年

六月十六日
- 蒋经国先生一行莅山,对佛光山建设、文化、教育等成就,表示赞扬。

八月十三日
- 为革除民间对中元节的错误观念,于寿山寺首开盂兰盆供僧法会,并倡议每年七月十五日为"僧宝节"、七月为"报恩孝道月"的观念。

九月十八日
- 创办"佛光山丛林大学",为第一所佛教大学,后更名"佛光山丛林学院"。

一九七四年

- "日本日华佛教关系促进会会长"曹洞宗贯首丹羽廉芳等莅临佛光山访问。

四月七日
- 以"中日佛教关系促进会"会长身份率团赴日访问。

九月
- 开办每周定期之"佛光山朝山团",首创"朝山列车"。

一九七五年

三月十二日
- 召开第一次"佛光山信徒大会"。

四月二十日
- 彰化福山寺开工兴建,由心平法师负责,为佛光山第一所分院。

七月二十五日
- 率团访问日韩,并于汉城成立"中韩佛教促进会"。

十月二十日
- 至台湾艺术馆举办佛学讲座,为台湾首位进入"国家殿堂"讲说佛法的出家人。

十一月十六日
- 佛光山"接引大佛"开光,高一百二十尺,为东南亚最高立佛。

一九七六年

三月
- 《佛光学报》创刊,开佛教学术研究先端。

六月二十一日
- 设"佛光诊所"为佛光山大众、学生及村民医疗服务。

七月
- 代表"中国佛教会"组团赴美,庆贺美国立国二百周年纪念。为台湾佛教界首次访美。

十一月一日
- 正式开办英文佛学中心,培养英文佛学弘法人才,后更名"英文佛学院"。

- "佛光精舍"启用,为佛教首座老人颐养天年之所。

一九七七年

- 出版《台湾寺院庵堂总录》,为第一本详尽记载台湾寺院庵堂的精装书。

七月
- 设佛光大藏经编修委员会。

七月二十七日
- 开办普门中学。

十一月二十日
- 庆祝开山十周年,首度传授"万佛三坛大戒",任得戒和尚。此戒会被誉为模范戒期。

一九七八年

- "中国佛教研究院"研究部学生录制《佛教梵呗大全集》,普及佛教梵呗流传。

三月三十一日
- 台北别院落成启用,为台湾佛教史上第一座现代大楼道场。

六月十八日
- 创建第一所海外道场美国佛光山白塔寺(后更名为西来寺)。

八月五日
- 荣获美国洛杉矶东方大学荣誉哲学博士学位。

十月十六日
- 开启每年于台北"国父纪念馆"举行佛学讲座之始,往后三十余年从未间断。

十一月十五日

- 为"中国佛教青年会"发起人代表,正式具文向"内政部"申请成立。

一九七九年

一月十日

- 举办"佛教梵呗音乐会"为"自强爱国"义演,于台北"国父纪念馆"举行,为佛教音乐进入"国家殿堂"之始。

三月

- 陆续出版《星云大师讲演集》四册。

八月八日

- 首创"佛光儿童夏令营",三千人参加。其后每年相继创办青少年冬令营、妈妈夏令营、教师夏令营等。

九月四日

- 于"中华电视公司"制播"甘露"节目,首开佛教电视弘法先例,并获"教育部"与"新闻局"颁赠"社会教育建设金钟奖"。

十月一日

- 创办《普门》杂志。

十二月八日

- 率领"印度朝圣团"二百人,赴印度巡礼圣迹,为有史以来最庞大之朝圣团。

一九八〇年

- 设美国"佛光山白塔寺中华学校",为第一个由佛教团体创办的中华学校。

二月十六日
- 首创春节平安灯法会,为佛教界弘法之创新。

四月八日
- 撰写《三宝颂》、《佛光山之歌》,由台北工专吴居彻教授作曲。

四月二十六日
- 应邀担任"中华佛教居士会"导师。

五月二十四日
- 担任"中国文化大学印度文化研究所"首任所长。

十一月二十三日
- 获"台北市话剧学会"颁赠剧运贡献奖。

一九八一年

- 于东京太平洋大饭店与睽违四十年的母亲初次见面。

二月五日
- 历时十年建筑的"净土洞窟"完成开放,为台湾首座依佛典《阿弥陀经》极乐世界盛况兴建之建筑,改变消极避恶,转为积极向善的修行观念。

三月二日
- 应聘担任东海大学哲学系教授。

三月十一日
- 诺贝尔奖审核人桑德士博士父女至佛光山访问。

五月十六日
- 佛光山开山十五周年,大雄宝殿落成,教界诸山长老莅临,美、法、日、韩等国教界均推派代表与会,计有十万人参加典礼。

十二月六日
- 担任"世界佛教僧伽会常务委员"。

一九八二年

二月二十七日
- 于"中国电视公司"制播"信心门"节目,后获"行政院新闻局"颁发"社会建设金钟奖"。

十月二十一日
- 诺贝尔文学奖得主苏联索尔仁尼琴至佛光山参访。

十月二十三日
- 与韩国被誉为佛宝寺的"通度寺"缔结为兄弟寺,于高雄市文化中心举行缔结典礼。

十一月二十三日
- 佛光山与日本、韩国共同举办以汉学为主的"第五届国际佛教学术会议",于东禅楼揭幕,与会学者有日本中村元、水野弘元,韩国金知见等数十位博士。

一九八三年

一月一日
- 佛光山"佛教文物陈列馆"开幕,为首座专门典藏佛教文物博物馆。

二月
- 在香港成立佛香精舍,并于沙田大会堂举行三天佛学讲座,推动香港学佛风气。

九月
- "佛光大藏经编修委员会"出版第一部佛光版《阿含藏》。

一九八四年

二月十九日

- "佛光施诊医疗队"正式成立,将医疗送至偏远地区。后更名"云水医院"。

九月三十日

- 于高雄普贤寺开办"都市佛学院",提供社会人士学佛机会,为教界一大创举。

十一月十二日

- 获"教育部"颁发"社会教育有功人员奖",为教界获此奖项第一人。

一九八五年

五月三日

- 主讲《六祖法宝坛经》于台湾电视公司播出,首开佛教电视讲经先例。

六月二日

- "美国佛教青年总会"于洛杉矶正式成立,膺选为理事长。

六月二十三日

- "中华汉藏文化协会"成立,出任理事长。

七月二十九日

- 设于曼谷之世界佛教青年会,首次在佛光山举办学术会议,并获颁任为荣誉会长。

九月二十二日

- 依佛光山宗务委员会组织章程宣布退位,传法予大弟子心平。"恪遵佛制,薪火相传,以制度管理,以组织领导",树立道场民主化之典范。

- 公共电视播出"星云大师佛学讲座",荣获"行政院新闻局"颁发"金钟奖"。

一九八六年

- 台湾电视公司播出"星云禅话"。

十二月二十六日

- "世界显密佛学会议"于佛光山举行,以"融和与发展"为主题,世界各地学者专家三百余人参加,密教法王共同莅临。蒋经国先生及加拿大、泰国等国元首致贺电。

十二月二十八日

- 获高雄市长苏南成颁赠市钥。

一九八七年

- 与中国佛教协会会长赵朴初于泰国曼谷首次相会。
- 应马佛总主席金明长老暨新加坡佛教界邀请,率访问团二十人,前往新加坡、马来西亚等地弘法。为该会成立二十余年,正式具函邀请国外法师弘法访问之首。
- 接受"国防部"邀请,至"三军"官校及各地军中监狱巡回讲演,历时一月有余。
- 高雄县县长余陈月瑛颁赠"慈善广被奖"及"推行文化建设绩优奖"。

四月五日

- 开山二十周年,举办"台湾南北行脚托钵法会",一百零八位僧众自台北至高雄以一个月走完全程五百公里。

五月十七日

- 由马来西亚佛教青年总会举办的"南北大师喜相会"讲座，代表北传佛教与南传佛教达摩难陀（Dhammananda）上座共论教义。

九月十三日

- 邀约一千二百位六十岁寿星上山，共庆六十岁寿诞。

一九八八年

- 美国别院"西来寺"落成，被誉为北美洲第一大佛寺，慈庄法师为首任住持。并传授"万佛三坛大戒"，计有十六国之三百位僧众求受大戒，为西方国家首度传授三坛大戒。
- 培育日文研究及弘法人才，设立"日文佛学院"。

二月十一日

- 美国阿罕布拉市市长彭克来山访问，并赠予荣誉市民证书及市钥。

三月四日

- 率"泰北弘法义诊团"五十余人，赴泰北偏远地区义诊、弘法、布施。

三月二十六日

- 以行脚托钵所得善款，成立"佛光山文教基金会"，由慈惠法师担任执行长。

七月二十六日

- 首次举办"短期出家修道会"，五千人报名，录取千余名，分三梯次举行，为中国佛教史上之创举。

九月十七日

- 分北中南三区于台北林口中正体育馆、彰化县立体育馆、高雄中正体育场等地举办"回归佛陀时代"弘法大会,数十万人参加。

十月

- 经历十余年编辑的《佛光大辞典》出版。

十一月二十日

- "世界佛教徒友谊会第十六届大会"由美国西来寺主办,为国际佛教会议第一次于西半球召开的会议,并为海峡两岸佛教首开平等交流之创举。

一九八九年

一月五日

- 应邀为美国加州州议会主持"新年度开议洒净祈福法会",创佛教仪式第一次在西方议事会堂举行。

一月九日

- "国际禅学会议"于佛光山开幕,有美、意、韩、日及大陆、香港等国家地区,五十余位东西方学者发表论文,主题为"六祖坛经之宗教与文化探讨"。

一月十一日

- 美国国会参议员戈尔先生莅临佛光山访问。

三月二十五日

- "星云禅话"电视节目,获"行政院新闻局"颁发"社会建设金钟奖";监修《佛光大辞典》获"行政院新闻局"颁发图书"金鼎奖"。

三月二十六日

- 应中国佛教协会会长赵朴初之邀,率僧俗二众五百余人,赴大陆弘法探亲。并与国家主席杨尚昆、全国政协主席李先念于北京人民大会堂会晤。

七月五日

- 达赖喇嘛访问美国西来寺。

十二月九日

- 召开第一届功德主大会,通过组织章程、品位办法,并提出"光荣归于佛陀,成就归于大众,利益归于常住,功德归于檀那",为僧信融和、佛教兴隆之最高精神依归。

一九九〇年

- 母亲李刘玉英居士第一次到佛光山。
- 悉尼卧龙岗市长亚开尔捐地二十六亩予佛光山,由慈容、永东、满可、满谦等法师筹建南天寺。

二月二十六日

- "佛光山宗务委员会"召开首届会员大会,依典章制度建立集体领导典范。

七月二日

- 西来寺向美国政府正式申请"西来大学"立案,为中国佛教于西方国家成立之第一所高等学府。

十一月十二日

- 佛光山文教基金会举办"世界佛学会考",考区遍布台、港及澳、亚、美等地,有二十万人以上参加,为佛教弘法史开创另一纪元。

十一月二十三日

- 应邀于香港红磡体育馆佛学讲座,开启每年于香港红馆弘法之始,吸引听众六万余人,带动香港社会学佛风气。

十二月二十六日

- 召开"国际佛教学术会议",有日本平川彰、美国兰卡斯特教授发表主题演说,并有美国傅伟勋、夏威夷娜西亚、加拿大冉云华、日本镰田茂雄和前田惠学、韩国梁银容、大陆楼宇烈等四十余位学者发表论文,会议主题为"现代佛教"。

一九九一年

• 大陆的中国社会科学院于佛光山举办"中国敦煌古代科学技术特展",于本山文物展览馆展出三个月,百万人次前来参观。

• 《远见》杂志举办探讨两岸宗教与文化交流,应邀于"中华电视台"以"台湾情·中国心"做专题讲演。

• 举办"万佛三坛罗汉期戒会",戒期长达三个月,二部僧授戒,有五百位来自世界各地戒子参加。创下中国佛教史上戒期最长、教学最殊胜纪录。

• 南非布朗赫斯特市议长汉尼·幸尼柯尔博士莅山,邀请佛光山前往约翰内斯堡创建"南华寺",由慧礼法师负责筹建。

• 不慎跌伤腿,住院开刀治疗。

二月三日

• "国际佛光会中华总会"成立大会,被推举为会长,三百二十六个分会同时成立。

二月二十八日

• 发起"佛力平正二二八死难同胞慰灵法会"。

三月一日

• "中华电视公司"播出"星云法语",获"行政院新闻局"颁发"金钟奖"。

一九九二年

• 美国加州州务卿余江月桂女士再度莅临佛光山,代表加州政府致赠州政府感谢状。

- 至棉兰皇冠(Tiara)饭店大会堂弘法,为首位于印尼公开演讲佛法之法师。

一月二十五日

- 举办"一九九二年佛教青年学术会议",主题为"人间净土之实践"。

一月二十六日

- 率领慈庄、慈惠等人,返乡探视母亲,并在南京会见教界长老。

二月十日

- 举办佛教界首创之"佛光亲属会",与出家入道弟子家长联谊接心。

二月二十九日

- 李登辉先生在国民党中央党部秘书长宋楚瑜陪同下来山访问。

三月十七日

- "佛光净土文教基金会"成立。

四月十二日

- 应邀于马来西亚国家体育馆主持佛学讲座,讲演"未来的世界——二十一世纪的展望",马来西亚副工程部长郭洙镇莅会致词,听众近二万人。

四月二十四日

- 巴西圣保罗张胜凯居士捐献土地兴建道场,定名为"如来寺",由觉诚、觉圣法师筹建,为佛光山在南美洲设立的第一所道场。随后成立巴拉圭禅净中心。

五月十六日

- 国际佛光会世界总会于美国西来寺成立,并召开第一届会员代表大会,主题"欢喜与融和",洛杉矶蒙特利尔市长姜国梁宣布五月十六日为"国际佛光日"。

八月二十日
- 首度举行师姑入道仪式。

九月十三日
- 获美国得州首府奥斯汀市及休斯敦市市长颁赠荣誉公民暨亲善大使证书。

十月二十七日
- 主办"世界佛教徒友谊会第十八届大会",发表主题演说"互助、融和与欢喜",被推选为世佛会永久荣誉会长,慈惠法师当选副会长。

十一月七日
- 佛光山文教基金会获"和风奖"暨"杰出社会风气改善奖",慈惠法师代表受奖。

十一月十二日
- 国际佛光会中华总会获"教育部""社会教育有功团体奖"。

一九九三年

- 应"国际佛光会莫斯科及圣彼得堡协会"之请,率领弘法团前往俄罗斯访问,并了解当地发展佛教机缘。推动人间佛教至俄罗斯。

- 为促进国际佛教团体间交流与合作,国际佛光会于佛光山举行第一届"国际佛教僧伽研习会",有越南明珠长老、泰国苏蒂惠瓦若(Suddhivaro)法师、缅甸桑达悟夏(Sandawuntha)法师,以及荷兰狄法米特、印度达摩帝如、僧伽先那、孟加拉潘帝特等五大洲十六国之比丘和信众参加。第二届后相继于温哥华、悉尼、巴黎、香港等地举行。

- 国际佛光会世界总会于佛光山举行国际佛光会第二届会员代表大会,于林口中正体育馆举行开幕典礼。李登辉先生、"监察院长"陈履安、"司法院长"林洋港、"内政部长"吴伯雄与会,三万名会员参加典礼,主题"同体与共生"。

六月二十一日

- 国际佛光会获"内政部"颁赠"绩优社会团体奖"。

九月六日

- 应桃园县长刘邦友之邀,于首座巨蛋体育馆举行佛学讲座"佛教的财富观"。首创"禅净密三修法会"。

十月十七日

- "教育部"核准佛光山创办"佛光大学",由慈惠法师负责筹建。亲临宜兰县礁溪乡林美山校地,主持奠基典礼。发起"净化人心新生活运动",推行"七诫——诫烟毒、诫暴力、诫贪污、诫酗酒、诫色情、诫赌博、诫恶口"系列活动。

- 国际佛光会首创"檀教师、檀讲师"制度,"监察院长"陈履安加入弘法布教行列,该制度开启佛教僧信二众共同肩负弘传佛法的新纪元。

- 与泰国"法身寺"缔结兄弟寺,并于隔年二月二十五日于泰国法身寺签署同盟书,为南北传佛教交流开启新页。

一九九四年

- 陆续出版《星云日记》四十四册。

三月二十七日

- 出面协调台北市大安公园"观音不要走"事件,获得圆满解决。

九月五日

- 首创"胜鬘书院"第一届招生,二十余位女青年至世界各国游学。

九月二十四日

- 国际佛光会世界总会第三届会员代表大会于加拿大温哥华举行,主题"同体与共生"。

十月十五日

- 为非洲原住民郭拉、福度、毕甘度等十人于"佛光山南华寺"剃度。为非洲有史以来第一批黑人出家,为佛教弘传非洲展开新页。

十二月

- "佛光大藏经编修委员会"暨工作人员永明、永进法师等数十人共同编辑的《禅藏》五十一巨册出版。

一九九五年

- 筹办嘉义县大林镇"南华管理学院"。七月,嘉义校区第一届哲学研究所、资讯管理系、传播管理系等,正式参加大专联考招生。

- 获"美国传记学会"授予一九九五年"二十世纪年度世界杰出人物奖"。

二月十五日

- 获印度佛教大会颁赠"佛宝奖"。

四月七日

- 佛光山住持心平和尚圆寂,依宗务委员会章程选出心定和尚继任。

四月二十五日

• 因心脏冠状动脉阻塞,在台北荣总接受冠状动脉绕道手术,由张燕医师主刀。

六月二十九日

• 高雄县政府委托本山慈悲基金会管理"高雄县老人公寓"正式开幕。特聘曾于美国从事老人研究及社会福利推广十余年的秦惜今小姐负责。

七月二十三日

• 佛光山"世界佛学会考",由"教育部"指导,全台两千余所中、小学校,八十万名青少年、社会人士有三十万人参加,全球六大洲计有百余万人应考,首创青少年组漫画题库,试卷译为十国语言,为佛教新纪录。

七月三十一日

• "第一届天主教与佛教国际交谈会议"于佛光山举行开幕典礼,由心定和尚主持,罗马教廷安霖泽枢机主教应邀致词,有来自美、日、泰、意、西、斯里兰卡等宗教代表、专家学者与会。

九月

• 自费出版《佛教丛书》,赠与佛光山徒众及檀讲师、功德主。翌年,由"佛光山文教基金会"赠送一千部予世界各大学、图书馆、寺院及对文化、学术有贡献之学者专家。

十月八日

• 澳大利亚南天寺竣工,澳总理致贺词,评为澳大利亚宗教重要据点,南半球第一大寺。并召开国际佛光会世界总会第四届会员代表大会,发表主题演说"尊重与包容"。

十月三十日

• 由符芝瑛小姐撰写、天下文化出版的星云大师传《传灯》问世,荣获年度畅销书排行榜第一名。

十二月二十七日

• 首座公立"台南监狱明德戒治分监"启用,指派佛光山法师进驻辅导,并为首座佛教教育戒毒班。

一九九六年

• 宜兰礁溪佛光大学校区经两年规划,获"内政部"核准开发许可。

• 继《宗教百问系列丛书》后,委托大陆学者百余人撰写《中国佛教白话经典宝藏》一百三十二册,将佛经现代化、白话化、艺文化。由宝藏小组吉广舆先生、满济、永应等法师负责出版。

四月二十一日

• 马来西亚佛光协会与马来西亚佛教总会联合举办"万人皈依典礼暨万人献灯祈福弘法大会",假吉隆坡莎亚南露天体育场举行。应邀主讲"人间佛教人情味",有八万人参加盛会,为世界佛教弘法之创举。

四月二十九日

• 接待专程访问西来寺的美国副总统戈尔先生。

五月十六日

• 李登辉访佛光山。同年致赠"传灯万方"匾额,祝贺开山三十周年。

• 于佛光山规划之"书法名家百人碑墙"完成,为台湾及教界首座碑墙。

五月三十一日

• 母亲李刘玉英居士于美国西来寺往生,高寿九十五岁。

八月四日

- 国际佛光会世界总会第五届世界会员代表大会于法国巴黎会议厅举行,主题"平等与和平"。美国总统克林顿、副总统戈尔、法国总统希拉克等致贺电。有来自全球一百多个国家地区,六十三个总、协会代表五千人与会。
- 于"国际佛光会第五次世界会员代表大会"中决议,自一九九七年五月十七日正式封山,加强徒众潜修与教育。

八月十七日

- 主持"荷兰佛光山"安基典礼,为荷兰第一所,也是最大的中国宫殿式佛寺。

九月四日

- 佛光山宗委会监制《佛光大辞典》光碟版完成。
- "佛光山开山三十周年纪念影片",与台湾"中央电影公司"总经理邱顺清、导演王童先生主持首映典礼。

九月二十九日

- 台湾第一所不收学杂费的私立大学南华管理学院开学,同时举行"开校启教典礼",并举办万人园游会,吸引数万人潮观礼。

十月二十五日

- 庆祝开山三十周年,国际佛光会与佛光山宗委会联合于佛光山举办"第一届世界佛教杰出妇女会议",来自全球十五个国家,五百多位杰出女性参加。

十一月八日

- 针对"行政院"主办"宗教与社会风气座谈会",提出新拟宗教法草案。

一九九七年

一月一日
- 庆祝开山三十周年，国际佛光会在佛光山举办"国际佛教青年会议"，来自全球二十个国家地区六百多位佛教青年参加。大陆作家余秋雨应邀讲演。

二月二十八日
- 于梵蒂冈与天主教教皇保罗二世进行世纪宗教对话。

五月十六日
- 主持佛光山第六任住持心定和尚升座暨封山典礼。

五月二十五日
- 发起"慈悲爱心列车运动"，八万人于台北中正纪念堂宣誓成为"慈悲爱心人"。

十二月十四日
- 佛光卫星电视台（今人间卫视）于台北林口中正体育馆举行开台典礼。

十二月二十日
- 应邀前往新加坡国立体育馆讲说"大宝积经要义"，五万人聆听。为该国首度大型佛教讲经开大座。

一九九八年

- 于美国休斯敦美以美医学中心进行颈动脉血管阻塞疏通手术。
- "南华管理学院"荣获"教育部"特例补助，图书馆被"教育部"评为全台藏书量之冠。隔年，升格为私立大学。
- 于加拿大多伦多召开"国际佛光会世界总会第七届会员代

表大会",主题"圆满与自在"。

一月四日

• 卸下国际佛光会中华总会总会长职务,将印信移交新任会长吴伯雄先生。

一月七日

• 为促进各寺院道场交流,于佛光山举办"第一届台湾佛教寺院行政管理讲习会"。

二月十一日

• 连战先生伉俪偕同吴伯雄、徐立德等人,专程来佛光山访问。

二月十五日

• 首次于印度菩提伽耶传授国际三坛大戒,恢复印度及南传佛教比丘尼教团。计有二十余国戒子参加,为佛教界首度跨越种族、区域、法脉传承的戒会。

三月七日

• 创办"佛光山假日修道会",为教界首见。

四月八日

• 率团前往泰国恭迎佛牙舍利返台。

五月五日

• 前往马来西亚与总理马哈蒂尔会谈,佛教与伊斯兰教交流迈入新里程。

十月三十日

• "世界佛教徒友谊会第二十届大会"假南天寺举行,来自世界八十余国代表参加。

一九九九年

• 乌克兰记者斯大涅澈涅阔(Stadnichenko)博士、俄国远东大学拉迪米诺·卡隆盛(Ladimiro Kurlon)校长相继访问佛光山。

- 于大陆捐献百余间希望中、小学,及云水医院,并于埔里开办均头中、小学。
- 著作《往事百语》、《佛光教科书》出版。

一月七日
- 应香港中文大学之邀,于该校举办的国际会议中讲说"二十一世纪的未来世界"。应香港理工大学之邀,讲说"佛教的科学观"。

八月二日
- 南华管理学院经"教育部"核准,升格为南华大学。

八月三十一日
- 李登辉先生来佛光山为"佛光山梵呗赞颂团"欧洲弘法授旗,并宣布政府订定每年农历四月八日佛诞节为法定假日。

九月
- 全世界佛光人及有缘者,集资近四亿元台币,于南投、台中等地重建九所小学,搭建佛光村,供应营养午餐,并成立多所心灵辅导之"佛光缘慈心站"。

九月一日
- 带领"佛光山梵呗赞颂团"赴欧洲巡回弘法一个月。其间,获悉台湾大地震,除领众诵经荐亡外,并呼吁全球佛光人成立世界性"援助震灾中心"。

十二月二十九日
- 获"国家公益团体服务协会"推荐,由"行政院长"萧万长颁赠"国家公益奖"。

二〇〇〇年

- 美国亚利桑那州立大学、波士顿剑桥市政府教育中心、密歇根州立大学、澳大利亚罗伯那·贝诺瓦州立小学,将《星云法语》、《佛光菜根谭》、《迷悟之间》等著作,选为授课教材。

四月一日
- 《人间福报》创刊,同年七月,美洲版同步发行。

五月
- 葡文版《星云禅话》出版。

五月十四日
- 于台北中正纪念堂举行庆祝首届法定佛诞节,并题字"佛诞国光"。

九月十日
- 出版《佛光祈愿文》作为信众早晚课诵范本,创佛教修行文学新体裁。
- 著作《六祖坛经讲话》由香海文化出版。

九月二十六日
- 宜兰佛光大学开办,获准设六个研究所招收硕士生,第一年即获"教育部"特例补助建校经费,评为"十大第一"。

十二月一日
- 澳大利亚卧龙岗市政府捐献八十英亩土地,提供南天寺创建南天大学,设立佛光缘美术馆,并于隔年五月三十一日于南天寺进行签约仪式。

十二月六日
- 获泰国总理川·立派颁发"佛教最佳贡献奖"。

十二月十二日
- 至镇江焦山定慧寺访问,并于大殿开示念佛法门。
- 至南京栖霞山寺礼祖,并为栖霞佛学院全体师生开示。

十二月十三日

- 前往南京"侵华日军南京大屠杀遇难同胞纪念馆"捐赠佛光山收藏的李自健绘制《南京·一九三七》油画，由南京市副市长许慧玲代表接受。

二〇〇一年

- 成立"人间佛教读书会"。
- 多年来至加州大学、康奈尔大学、耶鲁大学、伯克利大学、邦德大学、麦吉尔大学、多伦多大学、香港大学、香港中文大学、香港理工大学、国立新加坡大学、义安理工学院、台湾大学、台湾成功大学等校演讲。

一月一日

- 发行《普门学报》，提升佛教学术文化。

一月八日

- 编辑《法藏文库——中国佛教学术论典》并陆续出版，获北京大学、中国人民大学、南京大学、四川大学、兰州大学等多位教授鼎助，收录出版三十年来大陆、香港、台湾博硕士佛教论文共一百二十册。
- 主持"人间佛教学术研讨会"开幕典礼，有来自大陆及美国、日本等地学者发表人间佛教相关论文。

十月

- 率领"佛光山梵呗赞颂团"前往美加地区演出。十九日至纽约"九一一"事件灾难现场祈福洒净，及于纽约林肯中心，为罹难者祈福祝祷。

十月十一日

- 针对"宗教如何面对全球化"问题，于加拿大多伦多大学与天主教瑞恩神父等共同主持"宗教对话"。

十二月十四日

• 佛光卫视（今"人间卫视"）荣获"新闻局"颁发"年度优良卫星电视频道奖"。

十二月二十九日

• 国际佛光会青年总团部于马来西亚召开"国际佛光会青年会议"，促进世界青年的交流，有世界各地五千余位代表参加。

二〇〇二年

一月

• 中国大陆方面以"星云牵头，联合迎请，共同供奉，绝对安全"十六字授权，联合台湾佛教界共同达成恭请西安法门寺佛指真身舍利来台供奉协议，为海峡两岸宗教交流跨出新页。

一月二十六日

• 马年以"马"为主题，举办"马到成功迎春特展"。

二月

• 于日本富士山麓设立临济宗佛光山本栖寺，作为文教活动及培育僧信人才之用。

二月七日

• 突破静态花灯观赏，春节平安灯法会以"天马行空"动态花灯展出，首创世界一比一实体尺寸高架单轨电动花灯。

四月二十八日

• 于日本东京主持"国际佛光会世界总会第九届会员代表大会"，并发表主题演说"发心与发展"。

七月

• 西来大学获得"美国西区大学联盟"（WASC）准会员，成为美国首座由华人创办,并且获得该项荣誉之大学。

九月一日
• 发起"媒体环保日·身心零污染"活动,呼吁媒体奉行"做好事、说好话、存好心"三好运动及"不色情、不暴力、不扭曲"三不运动,唤起媒体自律。

九月二十三日
• 获政府颁发第二届"十大杰出教育事业家奖"。

十月一日
• 佛光卫视成立五周年,更名为"人间卫视",同时取得港澳地区落地播出,收看区域遍布全球二十六个国家和地区。

十月十日
• 于日本本栖寺主持"国际金刚会议"。十八日主持"国际妇女会议"。

十一月一日
• 于"国父纪念馆"主持"佛教唱颂讲座",融和传统与现代,运用敦煌变文中讲述、唱颂、梵呗三者合一方式,以文学与音乐飨宴大众,写下弘法新里程碑。

十一月十三日
• 前往中南半岛及东南亚,展开一个月慈善弘法之旅(老挝、缅甸、柬埔寨、泰国等地),主持轮椅捐赠仪式,并为南、北传佛教做进一步交流。

二〇〇三年

• 于台北三峡"金光明寺"成立"佛光人间大学"。

一月一日
• 《人间福报》创刊三周年,由创刊时的十二版增加为十六版。

一月十二日

- 主持"佛陀纪念馆"安基典礼。

一月十三日

- 主持"南北传佛教交流座谈会"。

一月二十七日

- 于佛光山结合花商、花农及相关专业人士，首创于寺院"国际花艺特展"，为教界首见。

三月八日

- 应邀参加天主教单国玺枢机主教主持"天主教真福山社福园区修道院"奠基大典。并分五年赞助该社福园区建设五百万元。

三月三十一日

- 于《人间福报》发表"迷悟之间"专栏达三年，后结集出版典藏版共十二册。

四月二十五日

- 撰写《为SARS疫情祈愿文》。

四月二十七日

- 受台北市政府之托，为台北和平医院因SARS疫情遭隔离的民众录音说法。

七月

- 创办之"国际佛光会世界总会"，获得加入联合国非政府组织（NGO），是极少数由华人组成的国际性NGO组织之一，并为联合国组织中唯一中国佛教民间团体。

- 出版《云水三千》，首创教界弘法传记体裁。并于香港和马来西亚、巴西、德国、澳大利亚等地举行"云水三千——星云大师弘法五十年影像特展"，超过百万人次参观。

七月十日

- 应邀出席中国佛教协会于厦门市南普陀寺举办之"海峡两岸暨港澳佛教界——降伏'非典'国泰民安世界和平祈福大法会"。

七月十一日

- 为厦门大学宗教研究所与闽南佛学院共同创办的"佛学研究中心"揭碑,并应聘为该中心荣誉顾问。

七月二十四日

- 因"慢性胆囊炎"于台北荣民总医院手术,由雷永耀医师执刀,取出结石。

八月十七日

- 出席佛光山文教基金会首度举办之"人间音缘——佛教歌曲发布会"。并为来自美国、阿根廷、马来西亚、澳大利亚、巴西、新加坡、菲律宾、加拿大及香港、台湾等国家和地区三百余位与会青年开示。

八月十九日

- 获泰国摩诃朱拉隆功佛教大学颁授教育行政荣誉博士学位。

八月二十二日

- 尼加拉瓜博拉尼奥斯总统与危地马拉波蒂略总统,分别来山访问会见,并赠《云水三千》。

八月三十日

- 出席于佛光山如来殿大会堂举行之"人间佛教读书会与天下远见读书俱乐部缔盟典礼"。

九月五日

- 出席人间卫视主办"人间有爱·仗义'书'财——传递知识的力量到山区"记者会,并捐出五本《云水三千》义卖。

九月六日

- 会见马绍尔群岛驻日本大使卡布瓦女士,与台北驻文莱经济文化办事处处长陈进贤夫妇,由马绍尔商务参事汤尼先生陪同。二位代表提出前往马绍尔及文莱弘法之邀请。

九月十二日

- 应韩国教界之邀,前往韩国访问,分别与松广寺、海印寺、通度寺、曹溪宗等代表会谈,并于十五日与海印寺签署"文化交流结盟仪式"。

九月二十九日

- 于巴西 Sao Docese De Sao Gabriel 教堂,由慈庄、慈容法师代表佛光会捐赠轮椅给天主教亚马逊州总主教宋瑞云红衣主教,由该堂修女代表接受。

十月四日

- 为巴西如来寺主办之学术会议参与的当地一百多位学者开示"佛教的真理——无常、缘起、空"。

十月五日

- 主持如来寺落成开光典礼,计有巴西及华侨近万人参加,圣保罗州州长奥克明、圣保罗州联邦员警总监佛朗西斯科、科蒂亚市佩德罗索市长、国际佛光会副总会长吴伯雄、台湾驻巴西经济文化办事处代表周国瑞、中华人民共和国驻圣保罗领事馆总领事沈庆等共同剪彩。
- 主持由巴西如来寺、巴西佛光协会、曹仲植文教基金会主办的轮椅捐赠仪式,捐赠对象为巴西贫民。

十月六日

- 由巴西圣保罗 SE 大教堂与如来寺共同主办,圣保罗各宗教联合会与圣保罗市政府协办,于巴西圣保罗 SE 大教堂,与天主教克劳蒂欧枢机主教针对宗教对本世纪应该提供什么样的贡献进行"宗教对话"。

十月七日

• 以西来大学及南华大学创办人的身份，与代表圣保罗大学的玛西亚校董事，于巴西圣保罗大学共同签署交换学生证盟仪式。

• 应邀至巴西圣保罗大学，举行佛学讲座"佛法与教育"。并主持葡文著作《佛法概论》新书发布会，该书被当地佛教界公认为巴西佛教史上第一部教科书。

十月九日

• 前往智利首都圣地亚哥市，接受智利天主教圣多玛斯大学（Santo Tomas）颁赠博爱荣誉博士学位，并共同签署"祈求世界和平证盟书"。

十月二十六日

• 有感台湾因选举造成族群对立，于《联合报》发表《没有台湾人——在台湾居住的，都是台湾人》一文，呼吁为地理情结而对立，对社会和人民都非幸事。

十一月二日

• 应邀出席于扬州大明寺举办之"鉴真大师东渡成功一二五〇年纪念大会"，与会有两岸三地及日本佛教界僧俗四众等。为台湾佛教界唯一被邀请者。

十一月二十日

• "佛光山梵呗赞颂团"应中国艺术研究院宗教艺术研究中心之邀，前往大陆参加"中国佛乐道乐精粹展演"公演。分别于北京、上海演出，并于上海大剧院向听众讲话（北京由慈惠代表致词）。为大陆佛教界缔造划时代创举，对大陆佛教音乐发展有关键性积极意义。

十二月十七日

- 前往香港大学,为其佛学研究中心图书馆主持揭幕仪式,并赠送《净土藏》、《般若藏》、《法藏文库》。应副校长李焯芬之邀,为师生主讲"生活中的禅趣"。

十二月二十日

- 为台东市"日光大桥"命名,题字取自"太阳从台东升起"及"邻近日光寺"之意义,并应邀主持二一六号连结道路完工通车典礼。

十二月三十日

- 应国际佛光青年会议之邀,与当代科学神探李昌钰博士,于佛光山如来殿进行一场"人生智慧对话"。

二〇〇四年

一月二日

- 彰化福山寺、台中光明学苑、嘉义圆福寺、兰阳别院等地区,陆续成立社区大学。

一月十一日

- 会见韩国中央僧伽大学由本觉法师率领之比丘尼教团,并座谈交流未来佛教发展方向。

一月十五日

- 为祝贺泰国僧王九十岁华诞,僧王隶属之法宗派僧团代表联合铸制十九尊大金佛,赠予全球十九个佛教国家地区供养。台湾荣为其中之一,僧王指定佛光山为供奉圣地,由泰国法宗派副僧王率团送抵佛光山,并于佛陀纪念馆预定地主持"恭迎金佛安座法会",象征南北传佛教融和及国际友谊交流。

一月十七日

• 农历春节,佛光山扩大举办花木奇石艺展,指导设置生命教学园区——素食动物园,提供社会大众另一种生命教育。

二月二十日

• 担任佛光山梵呗赞颂团与中国佛教协会所属三大语系、五大丛林,两岸百余位僧众共同组成的"中华佛教音乐展演团"团长,分别于澳门、香港、台湾及美国、加拿大等地巡回演出,写下海峡两岸佛教交流新篇章。

三月二十八日

• 针对"三二○"选举后社会动荡不安,发表《大和解·救台湾》一文。

四月十五日

• 于日本本栖寺主持"二○○四年国际佛光会亚洲联谊会"开幕典礼致词:一、对东北亚的佛教发展,可朝文化、艺术、体育来努力。二、南传地区可用联谊方式与当地结缘,如以英文教学的方式来弘法,可达交流目的。

四月二十六日

• 获韩国东国大学颁赠荣誉哲学博士学位。

五月十一日

• 发表《我对世代交替的看法》一文。表达让年轻人及早出头,未来才有源源不绝的活力与希望,唯有及时"世代交替",才能与时俱进、生生不息。

五月十五日

• 以创办人身份出席洛杉矶西来大学二○○四年毕业典礼,并颁赠佛学教育学荣誉博士学位予东国大学董事长玄海法师(Hyun Hae)。

五月二十三日
- 获泰国法宗派玛古德佛教大学颁授荣誉宗教佛学博士学位。

六月五日
- 五十多年前兴建,后礼请月基老和尚担任住持的高雄佛教堂,取得高雄地方法院核发第十三届新任董监事法人登记证书,徒众慧宽法师当选董事长。

六月六日
- 以创会会长身份出席"国际佛光会中华总会第五届总会长交接典礼",由吴伯雄总会长交予新任总会长心定和尚。

六月八日
- 应台湾大学之邀,为该校师生讲演"禅门的自觉教育"。

六月二十一日
- 应政府邀请,出任"中华文化复兴运动总会"宗教委员会主任委员。

七月一日
- 普门中学成立"女子篮球队",并勉励球员借由打球学习积极、认错、承担、感谢对手的人生。

七月八日
- 与远见·天下文化事业群创办人高希均教授、佛光大学赵宁校长一同为台湾大学、台湾师范大学、佛光大学、南华大学联合主办的"与世界接轨——国际青年论坛"开讲。

八月
- 监修之《世界佛教美术图典》精华版出版。

八月十日
- 因白内障,于美国洛杉矶施行白内障摘除手术"晶体超声乳化及人工水晶体植入术"。

八月二十四日

- 会见马来西亚、新加坡南传首座达摩难陀长老、舍利弗比丘大学校长强帝玛法师、斯里兰卡法王寺第七代法王、斯里兰卡比丘、佛教居士会等三十八人,并表示佛教没有南北传之分,同为一家人,所传扬的都是佛法,希望大家团结一心,将全世界的佛教团结起来,共同为佛教努力。

八月二十九日

- 由海南省政府专机接送,应邀前往探勘"世界佛教论坛"建设,并提供建设文化园区意见。同时为南山寺种下菩提树苗,题"南山光辉";回程时为凤凰国际机场题"福天海地"。

九月一日

- 获美国休斯敦斯坦福市市长伦纳德·斯卡塞勒颁发荣誉市民证书及市钥。
- 著作《迷悟之间》典藏版、电子版、PDA 专用版出版。

九月三日

- 国际佛光会世界总会第十次会员代表大会于台湾佛光山举行,发表"自觉与行佛"主题演说。

九月九日

- 出席人间音缘"二〇〇四年星云大师佛教歌曲发表会",并致词:音乐与宗教一样无国界之分,尤其是在倡导世界和平、促进种族融和上均发挥重要作用。

九月十五日

- 佛光山宗委会第七届宗委改选,推举慧瀚法师为第七届宗委会主席。

九月二十五日

- 主持南投埔里均头国民中小学建校启教典礼,为当地第一所由佛教创办的中小学。

十月五日

• 获美国拉斯维加斯奥斯卡‧戈德曼市长颁予荣誉市民及市钥。

十月七日

• 首次至西来大学进行远距教学授课,主讲"当代社会问题探讨"。有加拿大蒙特利尔、温哥华,美国旧金山、佛立门,智利圣地亚哥等五地同步收看。

十一月八日

• 应邀前往维也纳佛光山主持安基洒净典礼,为当地宗教界之盛事。

十一月九日

• 应邀为奥地利"全球能源奖"主办单位颁发"地"奖项,以"人类与地球同体共生"为主题,发表佛教的地球生命观与佛教环保观。

十一月十三日

• 佛教史上首次于南半球举办"国际三坛罗汉戒会",假澳大利亚南天寺举行,有十六个国家地区,二百余位戒子参加盛会。

十一月二十六日

• 分别在香港红磡体育馆、台北"国父纪念馆"以"生命‧生死‧生活"为题讲演,为人间佛教内容注入新意,成为生命教育题材。

十二月五日

• 于佛光山传灯楼会见教廷天主教传信部部长塞佩枢机主教、帕利亚主教及诺托秘书,由单国玺枢机主教等陪同前来。

十二月十五日

• 佛光山功德主会首度假佛光大学召开,于功德林植树,并为云五馆、德香楼落成揭碑暨老母亲纪念馆致赠典礼作偈,提出怀恩馆报恩功德计划。

十二月二十二日

• 出席"二〇〇五年新春麦积山石窟艺术特展"、"苏绣展"开幕式。

十二月二十七日

• 南亚发生地震、海啸,指示国际佛光会在第一时间于印尼、泰国、马来西亚、斯里兰卡、印度赈灾,并发起"全球佛光人百万人同步念佛超荐祈福法会"。

二〇〇五年

• 全美最大非营利独立出版社经销组织 PMA(Publisher Marketing Association),无条件代理经销佛光山国际翻译中心翻译著作《星云说偈》、英文版"Cloud and Water"等书。

• 美国知名《心灵健康杂志》书评人佛雷德里克及布鲁萨特,第三度于爱书人专栏推荐所著"Humanistic Buddhism:A Blueprint for Life"(《人间佛教的蓝图》)。

一月二日

• 由"中华文化复兴运动总会宗教委员会"主办、国际佛光会中华总会承办的"爱与和平音乐祈福大会"于台北"国父纪念馆"举行。并担任"中华文化复兴运动总会宗教委员会"主委,与副主委单国玺枢机主教等宗教领袖号召下,集合天主教、基督教、道教、理教、伊斯兰教、天理教、天帝教、一贯道、天德教、轩辕教及佛教,共同为南亚灾民及世界祈福。

一月四日

- 《栖霞寺一九三七》编剧栖霞寺传真法师来访,祈请为该电影题字,做历史见证。

一月十五日

- 受邀主持"台中惠中寺落成启用暨佛像开光安座典礼"。

一月十六日

- 佛光山第七任住持晋山升座典礼,为第六任住持心定、第七任住持心培交接做见证。

一月二十日

- 关怀南亚海啸灾区失怙儿童,发起派下教育单位:佛光、南华大学、均头中小学、普门中学及佛光山丛林学院,于全台二十个地点、三十八条线同步行脚托钵活动,有僧信二众五千余人参与。

一月二十一日

- 关怀南亚海啸地震灾区,指示拨款五十万美金给予印尼,作为第二波赈灾计划,以启建孤儿院。

一月二十七日

- 受邀主持佛光山金莲净苑殿梁安置法会,并希望金莲净苑在金门的成立,能为两岸和平带来曙光,共生吉祥。

二月

- 佛光山文教基金会出版《觉有情——星云大师墨迹》上下册。

二月十二日

- "行政院长"谢长廷来山,并表示其提倡的"共生和解"理念,即是受所题春联"共生吉祥"启发。

二月十六日

- 台北市长马英九来山上灯祈福,表示佛光山推行三好运动——"身做好事、口说好话、心存好心"是社会拨乱反正的光明力量。以宗教的慈悲念力，必能使社会大众的心灵净化提升。

四月一日

• 受邀出席《人间福报》五周年社庆所举办的"展望媒体、守护台湾"座谈会，由"国策顾问"柴松林教授主持，与会者有《联合报》顾问张作锦、《中国时报》总经理黄肇松及《自由时报》副社长俞国基等资深媒体人。

四月四日

• 撰写《致教宗悼念文》，致函单国玺枢机主教转梵蒂冈教廷教皇治丧委员会，表达佛光会全球佛光人对教皇逝世的哀悼之情。

四月七日

• 接受新加坡佛教总会主席暨莲山双林寺住持惟严和尚邀请，在新加坡佛教总会菩提小学礼堂举行"佛心禅语——星云大师与您一席谈话讲座会"。

四月八日

• 由佛光山佛光缘美术馆总部策划，马来西亚佛光山协办之"觉有情——星云大师墨迹世界巡回展"，首站于马来西亚国家画廊揭幕，亦为该国首位佛教法师于国家画廊展出。后又分别至美国西来大学、加州伯克利大学展出。

四月十日

• 主持马来西亚佛光山首次举行的"佛光青年成年礼"，有一千二百名青年参加；以及"甘露灌顶皈依三宝典礼"，现场有八千多人，皈依者多数为青年。

四月十七日

• 主持"新加坡佛光山"安基典礼，并以"心防重于国防"的概念为新加坡国防部长张志贤说法。

四月十八日

• 佛光山文教基金会与香港中文大学,合作设立"人间佛教研究中心",并举行讲座。

四月二十三日

• 应邀参加海南岛三亚市"海峡两岸暨港澳佛教圆桌会议",以指定发言人身份提出四点对佛教的建议:一、以共识来团结;二、以包容来统一;三、以会议来交流;四、以政策来整合。

四月二十四日

• 应邀出席"南山海上观音圣像开光大典",与海峡两岸暨港澳佛教领袖共同为南山海上观音圣像开光。

四月二十八日

• 于扬州高旻寺大雄宝殿以主戒和尚身份为八百名三坛大戒新戒开示。

四月二十九日

• 应邀参加扬州大明寺"纪念鉴真像回国二十五周年暨鉴真学院建设与发展论坛"。

五月四日

• 美国国会图书馆正式将"佛光山"及"星云大师"出版著作,在国会图书分类号(Library of Congress Classification Schedule)佛教类中,设立单独分类号 BQ9800.F63;将"人间佛教"(Humanistic Buddhism)及"佛光山"(Fo Guang Shan Buddhist Order)正式编入国会图书馆主体标目(Subject Heading)。并公布于美国国会图书馆《国会图书馆图书分类周刊》(二○○五年十八期),成为美国正式图书分类号码,进入大专院校及各类图书馆编号系统中。

五月二十八日

• 应邀出席于高雄玫瑰圣母圣殿主教座堂举办的"单国玺枢

机主教晋铎五十周年金庆暨晋牧二十五周年银庆感恩祭典"。

六月五日
- 为佛教大学鉴真学院主持安基动工揭牌式,并捐赠"扬州鉴真大师图书馆"。

七月一日
- 撰写《去中国化之我见》一文,刊登于《联合报》。

七月十三日
- 主持捐赠"屏东县玛家乡玛家村原住民儿童图书馆"揭牌仪式,捐出义卖书籍所得二百万元,做为购书经费,并致赠佛光文化出版的高僧漫画、中英儿童百喻经等书。

七月十五日
- 参加震旦艺术博物馆举行的"陈白玉叶女士捐赠佛光山地宫文物典礼"捐赠仪式,并开示让佛教圣物得以世代传承,继续发挥教化功能。

七月二十六日
- 荣获第三届"文化奖——菩提奖",由宗委会主席心培和尚代表受奖。

八月二十六日
- 由弟子满义撰写的《星云模式的人间佛教》出版,将人间佛教的理念、实践、生活、志业等做深刻贴切的论述,具体展现人间佛教的真义与实践方法。

八月二十九日
- 强烈飓风侵袭美国路易斯安那州,造成新奥尔良市八成土地淹没,特撰《为美国飓风新奥尔良市水灾祈愿文》,为灾民祈福。

九月四日
- 出席由中华文化光行协进会承办,于佛光山举行的"教皇保罗二世音乐纪念会"，有天主教单国玺枢机主教、意大利驻台官员及高雄县长杨秋兴与会。

九月七日

- 会见韩国佛教东国大学理事会参访团，理事长玄海法师，监事祥云、法山法师，校长洪起三，及课长、教授、信徒一行。

十月六日

- 于美国西来大学以"佛教对当代问题探讨"做远距教学，收看点包括加拿大、巴西和台湾等地。

十月二十日

- 应法鼓山文教基金会邀请参加"世界佛教领袖座谈会"，以"对全球问题的概观"发表：一、要达致世界和平，应先建立平等观念；二、要推动生态环保，应重视生权提升；三、要消除种族隔阂，应发扬慈悲精神；四、要体现共生智慧，应倡导缘起思想。

十一月一日

- 受邀参加浙江省"普陀山南海观音文化季"。

十一月三日

- 受杭州市佛教协会邀请参加"海峡两岸迎请佛螺髻发舍利供奉法会"。

十一月五日

- 受邀前往南京，为抗战胜利六十周年死难同胞主持祈福法会。

十一月八日

- 受邀出席佛光山文教基金会举办"当东方遇上西方"讲座，与诺贝尔文学奖评审人马悦然教授及瑞典汉学家罗多弼教授，分别就"佛教与中国文学"、"佛教与世界和平"议题，在远见·天下文化事业群创办人高希均和柴松林教授主持下进行对话。

十一月二十五日

- 以"佛教管理十问"、"佛教素食十问"、"佛教环保十问"于香港红磡体育馆举办三天佛学讲座。

十二月二十三日

- 以"佛教管理十问"、"佛教素食十问"、"佛教环保十问"于台北"国父纪念馆"举办三天佛学讲座。

十二月三十一日

- 于佛光山文教基金会举办之"禅宗与人间佛教学术研讨会"开幕致词。有日本木村清孝、石井修道、小川隆、吉田道兴等教授,与大陆杨曾文、陈兵、赖永海、王雷泉、洪修平、何燕生;南韩朴永焕、金容彪;美国惠仗‧莱(Whalen Lai)、丁治安;以及香港学愚等学者参加。

- 为五百位参加"博硕士弟子跨年联谊会"的佛光弟子开示。

二〇〇六年

一月

- 《星云大师讲演集》全新改版为《人间佛教系列》,分类为十册。

一月十三日

- 佛光缘美术馆举办"苏州惠山泥人展",应邀于开幕式致词。

一月二十六日

- 应邀出席由"中华文化复兴运动总会宗教委员会"主办、天主教会台湾地区主教团承办的"和谐共融音乐祈福法会"。以"宗教委员会主任委员"身份,与各宗教界代表,包括天主教单国玺枢机主教、伊斯兰教倪国安前理事长、一贯道简新发副理事长、长老教会许承道牧师、道教张柽理事长、轩辕教陈怡魁大宗伯、天理教三滨成太先生、天德教胡福林理事长、天帝教郝光圣副理事长、理教林松辉理事长、教廷驻台官员安博思蒙席等人，共同为台湾社会祈福。

三月十六日

• 接受"世界华人作家协会"颁赠"终身成就奖"，及"美国共和党亚裔总部"永久主席陈香梅女士、现任主席陈本昌博士代表美国布什总统颁赠的"杰出成就奖"。

三月十八日

• 至湖南省博物馆主持"觉有情——星云大师墨迹巡回展"开幕。

三月十九日

• 应邀至湖南岳麓书院讲演"中国佛教与五乘共法"。

三月二十六日

• 出席于佛光山举办的的国际自由宗教联盟开幕典礼，并发表主题演说"宗教与和平"。

四月十一日

• 由符芝瑛撰写的八十传记《云水日月》由天下文化出版。

四月十三日

• 应邀出席于杭州举行的首届"世界佛教论坛"开幕典礼，并发表"如何建设和谐社会"主题演说，来自全世界一千二百余位高僧大德海会云集。

四月二十日

• 出席于佛光山举办的第二十三届"世界佛教徒友谊会代表大会"、第十四届"世界佛教徒青年会代表大会"、"世界佛教大学第六次会议"联合开幕典礼，并依大会主题"佛教与宽容——共创世界和平"提出四点：一、佛教需要进步；二、佛教需要事业；三、佛教需要共识；四、佛教需要和谐。

五月二十三日

• 受邀至高雄辅英科技大学讲演，讲题"享受快乐的生活，创造健康的人生"。

五月二十四日

• 至辅仁大学与单国玺枢机主教对谈，讲题"大学宗教教育之实践——宗教系及全人教育的推动"、"社会服务与宗教教育之实践——谈服务学习"、"宗教交谈——谈不同宗教在台湾能彼此学习之事"。

五月二十五日

• 受邀至台湾"中央大学"，与曾志朗院士就"人生是一部大书"为题，进行对谈。

五月二十六日

• 出席"国际佛光会二〇〇六年亚洲地区会员联谊会"，接受澳大利亚格里菲斯大学校长弗德(Leneen Forde)博士颁发荣誉博士学位。

六月十日

• 受邀至瑞典斯德哥尔摩大礼堂及苏黎世联邦理工学院佛学讲座，讲题"融和与和平"。

六月二十一日

• 应邀前往梵蒂冈访问，并与天主教教宗本笃十六世会面，双方就宗教交流交换意见。

六月二十三日

• 主持"佛光山日内瓦会议中心落成开光典礼"。

七月二十三日

• 应邀出席由国画大师李奇茂等一百一十九位海内外中青代

优秀书画家举行之"大地齐颂星云八十华诞——百家书画贺寿展"开幕典礼。

八月一日
- 由天下文化编印的《星云八十》图影集出版。
- 主持"佛光大学"改制大学揭牌仪式暨新任校长翁政义交接典礼。

八月三日
- 接受湖南卫视现场直播采访,以国际佛光会世界总会总会长身份,率先响应湖南水灾赈济。
- 出席"二〇〇六年国际佛光青年会议"开幕仪式。

八月六日
- 于台北"国父纪念馆"中山画廊主持"觉有情——星云大师墨迹世界巡回展"开幕典礼。

八月八日
- 受邀出席"第三届全球中华文化经典诵读大会"开幕暨"全球读经日"活动,揭示每年八月八日为全球读经日,说明全球读经对世界和平的意义。活动并与南京夫子庙、西安大雁塔数万名儿童读经现场连线,同步诵读中华文化经典。

八月十三日
- 于八十华诞,与逾二百位历年大慈育幼院院童接心。

八月十四日
- 接受马来西亚报社及台湾各大电视台等二十二家媒体采访表示,明年起"封人",将谢绝佛学讲座、演讲等公开活动,专心写作阅读及云游。

八月十五日
- 会见马来西亚高等教育部副部长拿督翁诗杰,并接受由副

部长代表全马佛光人所献上之"八万人手抄心经"寿礼。

八月十七日

• 出席《星云八十》新书发表会暨《星云模式的人间佛教》征文比赛颁奖典礼。

八月二十三日

• 于《联合报》投书《上台下台——论施明德'倒扁'》一文,并召开记者会,以公民身份表达"无关挺扁倒扁,只为全民幸福安乐,吁请陈水扁下台。"

九月十七日

• 应连云港宗教局之邀前往连云港访问,并参访花果山海宁禅寺,以"佛教对和谐社会贡献"为题讲演。

十月四日

• 于台北小巨蛋体育馆主持"二〇〇六年国际佛光会世界会员代表大会"开幕式及祈求世界和平献灯法会,一万五千名佛光人与会;后于佛光山发表主题演说"化世与益人"。

十月八日

• 会见八十余位由湖南中南大学副校长李桂源所带领之"湖南省杰出大专学生文教访问团"。

十月十四日

• 为纪念印度佛教复兴之父安贝卡博士,带领五十万民众皈依佛教五十周年纪念,应邀前往印度安特拉邦海德拉巴市,主持二十万人皈依三宝大典。

十一月十三日

• 于美国西来大学做远距教学,讲说《般若心经》,吸引有志于探究佛教经义人士与团体近六百人听讲,收看点包括美洲与亚洲近三十个地区。

十二月五日

• 应深圳弘法寺住持本焕老和尚之邀,为该寺传授三坛大戒担任羯摩和尚。

十二月六日

• 应孙中山先生创办的广州中山大学邀请,于该校为哲学、文学系师生近五百人讲演,讲题"般若的真义"。

• 佛光山文教基金会荣获"行政院陆委会"举行之"第六届两岸交流绩优团体评选活动",颁赠"艺文宗教类"奖项,由会长慈惠法师代表领奖。

十二月八日

• 以"人间佛教的戒学"、"人间佛教的定学"、"人间佛教的慧学"于香港红磡体育馆举办三天佛学讲座。

十二月十五日

• 于台北"国父纪念馆"举行三天佛学讲座,与亚都丽致饭店总裁严长寿、天主教枢机主教单国玺、台北市长马英九,分别就"管事与管人"、"当基督遇见佛陀"、"出世与入世之融和"议题,进行对谈。

十二月十六日

• 接受台北天主教辅仁大学校长黎建球于台北"国父纪念馆"颁授辅仁大学名誉法学博士学位。

二〇〇七年

一月一日

• 应邀出席由"中华文化复兴运动总会宗教委员会"主办、基督长老教会承办的"二〇〇七年尊重与关怀音乐祈福大会",与十二个宗教团体,共同为"尊重与关怀和平"祈愿祝祷,并带领各宗教团体领袖上台读诵《和平祈祷文》。

一月十一日

• 与凤凰卫视刘长乐总裁录制心灵对谈节目,分别以"凤凰卫视与佛光山的因缘"、"心的管理"、"包容的人生哲学"、"和谐社会"为题展开对谈。

一月二十七日

• 为缔造书香社会,佛光山文教基金会成立"云水书坊",是一个行动式的图书馆,把古今好书载到市井角落,开启社教弘法之新风貌。

二月四日

• 主持由佛光山文教基金会举办之"二〇〇七年禅与人间佛教学术研讨会"综合座谈。分别有赖永海、徐小跃、方广锠、朴永焕等学者发表《六祖坛经》的人间佛教思想研究、惠能禅与人间佛教、宋代文人与人间佛教等研讨主题。

四月四日

• 接受美国公共电视台"接近真理"(Closer to Truth)节目主持人罗伯特·陈思(Robert L. Kuhn)采访,以佛教角度谈"人的意识有什么特殊作用?"、"意识与宇宙的关系是什么?"、"应该如何看待上帝的存在呢?"、"人类有灵魂吗?"、"有来世吗?"等相关问题。

四月十日

• 至重庆三峡博物馆主持"觉有情——星云大师墨迹世界巡回展"开幕,并应邀为馆长王川平及相关单位主管等约三百人,讲演"生命的密码"。

四月十一日

• 应邀至重庆华岩寺,为当地唯一的佛学院——四川佛学院的学僧及信众,讲演"以忍为力"。

五月十三日

- 于南京博物院主持"觉有情——星云大师墨迹世界巡回展"开幕典礼。

五月十四日

- 应邀至南京大学讲演"和谐从心开始",以"转、空、慈、和"四个字,阐述达到和谐的方法。

五月十七日

- 于扬州双博馆主持"觉有情——星云大师墨迹世界巡回展"开幕典礼。
- 应邀出席于扬州鉴真图书馆举行之"佛教教育论坛"开幕、闭幕典礼及扬州琼花节鉴真图书馆植树活动。

六月十日

- 主持日本首座别院"宗教法人临济宗东京佛光山寺重建落成启用大典"。

七月十七日

- 撰写之《Mayo 医疗中心检查记》、《生死边缘》、《苦行》、《妈祖——台湾的观世音》、《人生路》陆续刊登于《讲义》杂志,获得广大读者的热烈回响。

七月二十七日

- 应远见・天下文化事业群创办人高希均教授之邀,前往"天下文化二十五周年相信阅读餐会・喝彩'影响三〇'暨特别好书"为《星云模式的人间佛教》一书获选致词。

九月一日

- 出席由北港朝天宫与佛光山文教基金会举办的"妈祖纪念歌"征曲活动发布会。希望借由《妈祖纪念歌》为妈祖在佛教中定位,让妈祖成为佛教的护法。

九月九日

• 主持"祈求两岸和平人民安乐回向法会",同时举行赠钟仪式。寒山寺住持秋爽法师为感念法祖性空长老曾与我同学栖霞,故将其中一口仿唐铜钟"和合钟"赠予本山,并于十一日缔结兄弟寺。我以"两岸尘缘如梦幻,骨肉至亲不往还;苏州古刹寒山寺,和平钟声到台湾"一诗,传达对此段赠钟因缘的感想。

九月二十九日

• 应邀出席"中天寺天界宝塔"开光典礼,以"天界宝塔真正好,布里斯班是个宝;若有善信来结缘,幸福平安万万年"一偈祝贺。

十月三日

• 应邀出席"新西兰南岛佛光山落成开光暨三皈五戒甘露灌顶典礼",并接受南岛基督城《信报》、《太阳报》、"The press"(基督城最大英文报)、新西兰天维网(Skykiwi),针对此活动做采访。

十月六日

• 应邀主持"澳大利亚南天大学"安基动土典礼,以"大学命名为南天,青年在此学圣贤;中澳文化交流日,多元种族见太平"一偈祝贺。

十月二十七日

• 应邀出席第二届"中国无锡灵山胜会"开幕典礼,活动主题为"两岸和合、共生吉祥"。有灵山学院成立及江南大学宗教社会学研究所成立仪式,纪念赵朴初诞辰一百周年遗墨展和星云大师墨宝展等。

十一月二十五日

• 应远见中国传媒、现代传播集团及《远见》杂志、《东方企业家》杂志、美国百人会之邀,出席"二〇〇七年第五届全球华人企业领袖高峰会",并以"财富分享与和谐社会"为题,发表主题演说。

二〇〇八年

一月

- 全球各地佛光山道场举办"关怀贫童园游会"、"佛光清寒助学金暨轮椅捐赠慈善斋宴"、"四十小时饥饿募款活动"等,将所得善款作为贫童助学之用。

一月一日

- 主持扬州"鉴真图书馆开馆暨扬州讲坛开坛"典礼。有国家宗教局局长叶小文、江苏省委副书记张连珍、江苏省人大常委会副主任李明朝、江苏省副省长张九汉、扬州市委书记季建业、扬州市市长王燕文、台湾"立法院"副院长钟荣吉等为鉴真图书馆开幕和鉴真美术馆开馆剪彩。

一月十九日

- 应邀出席"二〇〇八年平安幸福音乐祈福大会",有佛教、道教、天主教、基督教、天理教、天帝教、一贯道、天德教、轩辕教等十一位宗教领袖共同念诵"祈祷文",祈愿台湾及世界众生平安与幸福。

一月二十二日

- 前往佛光缘美术馆总馆欣赏并指导"国际陶艺家王俊文特展"、"二〇〇八姚红英刺绣艺术展"及常设展"千手千眼观音经文三十六佛手系列展"。

一月二十六日

- 为"佛光山二〇〇八年翰林学人联谊会"及"社区大学联谊会"之硕博士信众,分别以"佛教问题探讨"、"佛教与现代问题"为题开示。

三月
- 出版《人间佛教丛书》,内容包含有《人间佛教论文集》、《人间佛教当代问题座谈会》、《人间佛教语录》、《人间佛教书信选·人间佛教序文选》等四套。

三月八日
- 出席"佛光山二〇〇八年信徒香会"之"甘露灌顶三皈五戒暨剃度典礼",并与信众接心,借以感谢诸位檀那长期的护持。

四月二十一日
- 应邀出席由上海大觉文化、上海辞书出版社、复旦大学主办的"佛教文化与社会和谐"佛学讲座暨《佛学教科书》新书发布会,并与大陆学者对话交流。

五月一日
- 应邀于北京中国佛学院大讲堂以"和谐"为题讲演。

五月九日
- 热带气旋"纳吉斯"重创缅甸,特别指示泰国曼谷文教中心与当地佛光会,发动会员进行救灾工作。

五月十日
- 为庆祝法定佛诞节,国际佛光会特邀菲律宾佛光山艺术学院,首度在台公演英文版音乐剧《佛陀传——悉达多太子》,将《释迦牟尼佛传》以现代音乐剧,配合人间音缘乐曲,诠释佛陀故事。融和宗教与艺术,演绎音乐剧新风貌。

五月十二日
- 四川汶川大地震,指示拨款一千万人民币救灾,成立"救灾指挥中心",由慈容法师任总指挥整合全球资源赈灾;全世界各别分院设置超荐牌位、消灾禄位,举行"为四川大地震灾民祈福法会",并撰写"为中国四川大地震祈愿文"。

五月三十日

- 出席于佛光祖庭宜兴大觉寺举行之"为四川大地震灾民祈福法会",有国民党主席吴伯雄带领的访问团、中共中央台办副主任王富卿、国家宗教局局长叶小文等人与会。

六月一日

- 前往东南亚十二天弘法行,于印尼、新加坡、马来西亚等地,主持三皈五戒、菩提眷属祝福礼、新加坡佛光山开光典礼及信徒接心。并在吉隆坡城中城国际会议中心与马来西亚交通部部长翁诗杰拿督以"和谐、管理"为主题对谈。于马来西亚总理府与马来西亚总理巴达维会面,谈论有关国家和谐、社会发展等课题。

七月四日

- 应中国东方航空之邀,搭乘两岸直飞首航MU5001班次,自南京飞抵台北松山机场。

七月五日

- 为"子德芬芳——二〇〇八全民阅读博览会"讲话,并与《人间福报》总主笔柴松林教授、复旦大学钱文忠教授,针对"阅读品格"之议题进行对话。

七月二十一日

- 前往四川成都彭州市九陇双松村茶陇山三昧禅林,为赞助兴建的三昧水慈善医院主持奠基典礼。
- 在四川省宗教局局长王增建、四川省佛教协会副会长宗性法师等陪同下,莅临四川尼众佛学院,并题字"立志飞扬"。

七月二十二日

- 前往四川江油市出席"二〇〇八一家亲・手足情心灵呵护

之旅"开幕典礼暨救护车、轮椅捐赠仪式。下午与中国四川佛教会逾五十名寺院代表举行座谈。

八月八日

- 以中华奥运团荣誉总顾问身份出席"北京奥运开幕式",并接受大陆媒体专访。

九月十六日

- 为人间卫视所制作之"点燃薪火·佛光山的故事"进行拍摄,介绍佛光山六十五个景物与建筑的历史。

九月十九日

- 有感于京剧对社会、人心教化的贡献,特邀请"当代传奇艺术"总监吴兴国及舞蹈家林秀伟伉俪,为全山大众讲唱京剧、人生与信仰。

九月二十九日

- 应邀前往主持河南郑州鲁山天瑞大佛开光典礼。

十月一日

- 邀请"百家讲坛"、"扬州讲坛"名讲师,亦是复旦大学历史系钱文忠教授,山东大学马瑞芳、牛清远教授伉俪,北京师范大学教授于丹、康震,华东师范大学教授暨京剧名作家翁思再,北京大学暨佛光大学客座教授王邦维,北京社科院清史专家阎崇年教授等来台讲演授课,为两岸文教交流跨出新页。

十月五日

- 于高雄小巨蛋主持"二〇〇八年国际佛光会世界会员代表大会"开幕典礼。以"菩萨与义工"发表主题演说。

十月九日

- 为提倡优良中华文化,延请北京京剧院青年团,由原北京市张百发副市长带领来台巡回演出,剧目有《锁麟囊》、《战马超》等戏码,体现忠孝节义、劝人向善精神。

十一月七日

• 受邀前往江苏江阴参加"巨赞法师百岁冥诞暨巨赞公园开幕"。

十一月八日

• 应邀前往浙江雪窦寺主持内地最大之弥勒菩萨铜像开光典礼。

十一月十五日

• 于宜兰佛光大学为参与"功德主会"信众开示。内容为:一、承蒙功德主的护持而成就今日的佛光山,得以四大宗旨弘扬佛法;二、支持佛光大学比支持佛光山更为重要,期望大家继续支持大学的建校与招生,进而把智慧留给自己,把大学留给人间,把功德留给子孙,把欢喜留给大众;三、希望大家做社会的义工,佛教的菩萨,为世间奉献己力,共同成就人间净土。

十一月二十三日

• 出席两岸四地"第二届世界佛教论坛"新闻发布暨鸣钟祈福仪式,与台湾佛教界诸山长老共同诵念"为世界和平祈愿文",借由鸣钟祝愿世界"经济好转、人民安乐、六时吉祥、诸事顺利"。

• 出席由"公益信托星云大师教育基金"接办之"第九届Power教师奖"颁奖典礼,并与《人间福报》总主笔暨教师奖评审总召柴松林、"教育部次长"周灿德、《讲义》杂志社长林献章等共同担任颁奖人。

十一月三十日

• 于日本本栖寺为参与"功德主会"信众开示。

十二月十一日

• 前往美国西来寺主持"西来寺建寺二十周年暨佛光山美国

西来寺国际万缘三坛大戒"。

十二月二十日
- 获美国南加州惠提尔大学颁授荣誉人文博士学位。

二〇〇九年

- 著作《星云大师谈处世》、《星云大师谈幸福》、《星云大师谈读书》、《星云大师谈智慧》及《包容的智慧》,入选《亚洲周刊》刊登畅销书排行榜前十名。
- 为推广教育文化,"公益信托星云大师教育基金"继去年第九届"Power教师奖"后,增设"真善美新闻贡献奖",以奖励优质新闻从业人员及媒体。
- 尼泊尔文版《佛光菜根谭》出版。
- 著作《禅师的米粒》、《定不在境》、《点亮心灯的善缘》简体版,由上海人民出版社出版,内容为说喻故事,计三百余则。
- 南非佛光山南华寺向国税局所申请的税法三十条免捐赠税已通过。即日起,"佛光山南华寺"将取代"南非佛教协会IBASA"的寺庙运作,原"南非佛教协会"、"南非佛教有限公司"等财产,也将捐赠给取得免税资格的非营利组织"佛光山南华寺"作为弘法运用。
- 马来西亚佛光山通过十四个部门的批准信,获雪兰莪州瓜拉冷岳县议会批准,县议会主席阿都拉萨·嘉化等党政要员前往道场,颁发"准入证"(建筑"CF"——竣工合格证明)予总住持觉诚法师。
- 著作简体字版《如何安住身心》、《另类的财富》、《爱语的力量》、《留一只眼睛看自己》、《修剪生命的荒芜》、《举重若轻·星云大师谈人生》等书出版。

• 著作印度文版《佛教对命运的看法》、《禅与生活》及《佛教管理学》等书出版。在印度拉贾斯坦邦乌代普尔市发表，有基督教牧师和天主教修女三十人与会。

• 由香海文化出版之《人间万事》十二册套书，荣获二〇〇九年第三届"台湾金印奖"，图书印刷类第一名。

• 著作英文版及法文版《人间佛教的戒定慧》出版。

• 著作印尼文版《传灯》出版。

• 为培育佛教专业人才，各种专业的短期培训班，如：生活美学、行政秘书、餐旅服务、编藏人才等陆续开课，由教育院统筹规划。

二月二日

• 法鼓山创办人圣严法师圆寂，特致函："从媒体惊闻圣严法师圆寂，不胜悲痛。对于圣严法师学养渊博，著作等身，创立'中华佛学研究所'，培养高等研究人才；乃至创办的法鼓山教团对当代佛教写下难得的历史，表示肯定，特申致悼。"予法鼓山住持果东法师。

二月二十四日

• 法鼓山住持果东法师率领副住持果品法师、高雄紫云寺监院果耀法师等十三位僧信二众来山拜访，感谢佛光山对法鼓山的关心。会中谈及与圣严法师的因缘：一、介绍圣严法师至东初长老座下披剃；二、圣严法师在高雄美浓朝元寺闭关时，将欲作为自己用的关房予其使用，并常独自或偕同东初长老前往探望；三、圣严法师前往美国之际，协助其处理身份证、美国签证等相关事宜；四、早期协助圣严法师之著作的印刷发行。

• 于电视中心开录"僧事百讲"节目，内容为佛门的知识与典故，由慈惠法师提问。共完成录制一〇四集。

三月四日

• 灵鹫山住持心道法师率领首座了意法师、当家常存法师、护法信徒黄瀚民等僧信四众弟子三十三人回山,礼座忏悔,重返山门。

三月十三日

• 于《人间福报》发表"人间万事"专栏达三年,后结集由香海文化出版,共十二册。

三月二十一日

• 出席于佛光祖庭宜兴大觉寺所举办的宜兴大觉寺第一届徒众亲属会,与出家入道弟子家长联谊接心。

三月二十五日

• 江苏可一出版物发行集团,赠三种版本的《频伽精舍校刊大藏经》予佛光山,回赠《人间佛教丛书》。

三月二十九日

• 出席于无锡灵山梵宫所举办之第二届"世界佛教论坛"开幕典礼,与中国佛教协会会长一诚长老、香港佛教联合会会长觉光长老共同拈香祈愿世界和平。并针对大会主题"和谐世界、众缘和合"发表主题演说,提出:慈悲尊重可以和谐、包容异己可以和谐、人我平等可以和谐、共生共存可以和谐。

四月一日

• 出席于台北小巨蛋所举办之第二届"世界佛教论坛"闭幕典礼。

五月十日

• 出席由"行政院"环保署、佛光山寺、国际佛光会中华总会联合举办的"千僧万众庆佛诞,一心十愿报母恩",庆祝法定佛诞节暨母亲节大会。与会有马英九先生、佛光会中华总会荣誉总会长吴伯雄、"内政部长"廖了以、联合国 NGO 和平促进会发言人吉娜·奥托,中南美洲萨尔瓦多、伯利兹和尼加拉瓜驻台官员,国民党副主席吴敦义、台北市长郝龙斌及各宗教代表。

六月十三日

- 获高雄中山大学颁授名誉文学博士学位。

七月一日

- 接受《南方人物周刊》副主编万静波采访,访谈主题:创办佛光山事业的过程、对人生社会的思考、佛教在当今社会人心的功效等。采访内容刊登于《南方人物周刊》十月十九日第四十二期。

七月十三日

- 著作《宽心:星云大师的人生幸福课》,由江苏文艺出版社出版,入选大陆新书排行榜、《新京报》及《北京晨报》排行榜。

八月三十日

- 出席"八八水灾高雄县各大宗教联合举行祈福祝祷大会",共同为台湾祈祷、为人民祝福。

九月一日

- 接受大陆驻台媒体联合采访,有中央电视台、《人民日报》、中国新闻社、新华社等多家电子、平面媒体,针对"莫拉克"台风风灾及两岸宗教往来等问题提问。

九月九日

- 韩国灵鹫山通度寺致赠"佛陀金襕袈裟"予本山佛陀纪念馆珍藏,本山回赠"缅甸文贝叶经"乙部。

九月二十日

- 于锦州北普陀山万佛殿举行传法大典,为辽宁省佛教协会副会长道极法师授衣传法,道极法师成为临济宗第四十九代传人。并举行佛学讲座。

九月二十二日
- 应邀于长春吉林大学,为哲学社会学院师生一百多人开示。

九月二十三日
- 应邀于长春般若寺大讲堂,以"般若要义"为题作开示。

九月二十四日
- 应邀于哈尔滨极乐寺阿弥陀佛殿,为数千名信徒开示"佛教的人生观"。

九月二十六日
- 应邀于哈尔滨宝胜寺大雄宝殿,为大众开示佛法。宝胜寺正值建寺时期,欣见东北的比丘尼教团正在发展,特捐赠十万元人民币,助其早日完成建寺。
- 应净觉寺方丈本英和尚邀请,在哈尔滨极乐寺方丈静波法师陪同下到净觉寺参访,并于大雄宝殿广场为大众开示。

九月二十八日
- 应邀出席青岛灵珠山菩提寺落成典礼,替金堂佛像开光,并为该寺方丈明哲长老"送座"。

十月六日
- 宜兴市宗教局和宜兴市佛教协会联合邀请宜兴地区三十多家寺院的住持当家代表至佛光祖庭宜兴大觉寺,讨论有关宜兴佛教文化建设的方向与方针。

十月十二日
- 应南京栖霞区长梁建财之请,出席于南京栖霞仙林大学城举行的首届"中国南京栖霞文化节"开幕式。并于栖霞山寺大礼堂为工商界领导人讲演。

十月十三日
- 以两个月时间,题写八千余幅墨宝,由佛光缘美术馆主办"星云大师一笔字书法世界巡回展"。首先由马来西亚开展,后至新加坡、佛光缘美术馆台北馆、佛光山总馆、台南馆、台中馆、宜兰馆、高雄馆、嘉义市政府、台北"国父纪念馆",以及北京、菲律宾等地展出。

• 前往新马泰展开十天弘法行,主持"《人间万事》读书会"、"三皈五戒典礼"、"佛光会世界总会第四届第五次理事会议",并发表演说"如何获得人间佛教的真正意义"。期间,分别会见民政党主席兼总理署部长许子根、马华总会会长翁诗杰、槟城州首席部长林冠英等人。接受《联合早报》、《联合晚报》、《新明日报》、《佛友》杂志等媒体采访,针对"地球暖化、金融风暴"等议题开示。

十月二十四日

• 接受宜兰县、市长颁发"荣誉县民"与"荣誉市民"暨"荣誉市钥"。

十一月一日

• 出席第一届"星云真善美新闻贡献奖"颁奖典礼。分别由《联合报》总主笔黄年及文化评论家南方朔获新闻专业贡献奖、前政大新闻系教授徐佳士获得"新闻教育贡献奖"、已故报人成舍我获得"新闻典范人物奖"。

十一月九日

• "莫拉克"台风重创南台湾,捐赠一千万元予"内政部",作为赈灾款项,并指示总本山、佛光会成立"救灾中心",分成物资供应、人力支援、关怀慰问、餐饮供应、医疗福利等小组,亦发动全台各地别院投入救灾,海内外各分别院设立消灾禄位、超荐莲位,同时撰写"为莫拉克台风水灾灾情祈愿文"。

十一月十五日

• 主持"美国休斯敦佛光山中美寺住持隆相和尚晋山升座典礼"。席间,接受美国联邦政府于升座大典颁发褒奖令,由国会议员格林(Al Green)的代表艾利斯·陈(Alice Chen)女士宣读,提倡尊重、包容与和平,以及对社会的贡献予以表扬。

十一月二十九日

• 应深圳市读书月组会及凤凰卫视之邀,与凤凰卫视总裁刘长乐就"人生智慧的达成与启悟"进行对谈。

十一月三十日

• 接受香港《宗风》杂志主编王志远专访,内容主要以"宗风"为议题进行采访。

十二月十三日

• 前往菲律宾展开为期五天的弘法之行,主持"三皈五戒典礼"、接受菲律宾平面媒体《联合日报》与电子媒体中菲台电视记者联合访问,并分别会见荣誉功德主吕林珠珠女士阖家、菲律宾航空公司董事长陈永栽博士、"菲华商联总会"黄祯谭理事长等十七位董事及委员等。

二〇一〇年

一月五日

• 于《联合报》发表《行三好救台湾》一文,以响应远见·天下文化事业群创办人高希均教授于一月四日《联合报》发表的《挑"好"的说……家和万事兴》。

一月十三日

• 受邀出席由中华文化促进会、南京市人民政府、凤凰卫视主办的"智慧东方——二〇〇九中华文化人物颁授典礼",获颁"中华文化人物终身成就奖"。

二月十七日

• 受邀出席佛陀纪念馆首次"佛陀纪念馆第一次地宫珍宝入

宫法会",与会贵宾有马英九先生、"行政院长"吴敦义、"立法部长"王金平、前美国驻联合国代表罗斯夫妇等人。

三月二日

- 受邀出席《人间福报》主办之"全民环保抢救地球"国际论坛,与环保署长沈世宏、媒体人陈文茜、挪威奥斯陆 ENERGI 能源国际部门环保顾问艾利森·伊共谈环保理念。

三月七日

- 应邀出席由台北道场主办之"二〇一〇生耕致富"系列讲座,以"抢救地球"为题,从地、水、火、风四大要素,阐述宇宙与人类的关系。

三月十一日

- 受邀出席于香港大学陆佑堂举行的"香港大学第一八二届学位颁授典礼",接受香港大学徐立之校长颁发名誉社会科学博士学位;典礼由香港行政特首曾荫权博士主礼。

三月十二日

- 应邀于香港大学陆佑堂,以"四和"——"家庭和顺、人我和敬、社会和谐、世界和平"为题演讲。

三月十三日

- 针对"法务部"王清峰部长因提出废除死刑并请辞下台,而造成台湾民众议论纷纷,于《人间福报》及《联合报》发表《我对废除死刑的看法》。

三月十六日

- 出席主持"佛光山二〇一〇年信徒香会"之"甘露灌顶三皈五戒暨剃度典礼"、"师徒接心"等活动。

三月二十日

- 所创办"扬州讲坛"成立三年,以"我怎样走向世界"为题,首次应邀出席演讲。

三月二十二日

• 应邀出席南京大学"中华文化研究院大楼"（佛光楼）奠基典礼，及接受陈骏校长颁赠"中华文化研究院名誉院长暨客座教授"聘书，并做首场讲座。

三月二十七日

• 应邀于本山佛陀纪念馆首次举行之"禅净密三修法会"，以"三好、四和"为题为逾两万名信众开示。

四月一日

• 受邀出席于台北道场举行的《人间福报》十周年社庆，颁赠一笔字"福报十年"、"福由心生"。

四月四日

• 应邀为本山福慧家园主持首次"福慧家园修道会"，近三千人与会。

四月九日

• 出席"香港佛光道场"落成开幕系列活动。有国家宗教事务局蒋坚永副局长、凤凰卫视刘长乐总裁等逾二万人参与。

四月十二日

• 出席香港中文大学与佛光山文教基金会成立之"人间佛教研究中心"第二期合作协议签约仪式，与刘遵义校长共同主礼。

四月十三日

• 应邀于香港中文大学邵逸夫堂，以"禅与悟"为题讲演。

四月十四日

• 大陆青海玉树大地震，发起本山全球道场、国际佛光会及全球佛教徒每日课诵中，为生者祝愿、亡者祝祷上生佛国，并撰写《为青海玉树大地震祈愿文》。

- 会见安徽省太湖县政协主席暨安徽省企业联合会理事、安徽省赵朴初研究会秘书长王中华先生等一行十四人。

四月十六日

- 会见大陆"七三一"部队遗址管理办公室主任、哈尔滨市社会科学院"七三一"研究所所长暨侵华日军第七三一部队罪证陈列馆馆长金成民先生。

五月五日

- 为本山法子辽宁省锦州市北普陀山北普陀寺方丈道极法师、河北省保定市佛教协会会长真广法师二人，及其所率领来山参访之僧信二众一行开示。

五月九日

- 出席于凯达格兰大道举办之"千僧万众祝佛诞·一心十愿报母恩——法定佛诞节暨母亲节大会"。与会者有马英九先生、联合国NGO之HDI总裁暨首席发言人史瓦门先生及事务负责人克莱门小姐及各宗教界代表等人。

五月十日

- 应原北京市副市长张百发之邀，于长安大戏院欣赏京剧各名家演出，演出的有谭门谭孝曾、马派朱强、马小曼，言派须生任德川，奚派须生张建国，杨派须生李军、杨乃彭，余派女须生孙惠珠；旦角五大流派，梅派梅葆玖、胡文阁，程派迟小秋，荀派刘长瑜、朱虹，尚小云的孙女尚慧敏，张派张笠媛；裘派花脸李长春，叶派小生叶少兰，老旦赵葆秀，京剧夫妻李维康、耿其昌。

五月十一日

- 应文化部邀请，于北京中国美术馆举行"星云大师一笔字书法展"，为数十年来第一位于该馆展出书法作品的出家僧人。
- 应邀于北京中国艺术研究院，以"中华传统文化与和谐社会"为题演讲。

- 于北京拜会文化部蔡武部长。

五月十二日
- 于北京拜会国家宗教事务局王作安局长。
- 于北京广济寺拜会中国佛教协会会长传印长老。

五月十三日
- 于北京人民大会堂拜会海协会陈云林会长。

五月十四日
- 于北京钓鱼台国宾馆拜会国务院台湾事务办公室王毅主任。

五月十五日
- 应邀至河北省保定市，出席"凤凰山佛光寺奠基典礼"、"观音寺弘法纪念碑"揭碑仪式，为千年大慈阁揭匾，举行"智慧人生讲座"，并为观音寺"菩提眷属祝福礼"主礼，为大陆首次举办菩提眷属祝福礼。

五月二十三日
- 应邀担任"灵山世界公益论坛"发起人，并出席于无锡灵山梵宫举行之发起人会议，会中提出四点意见：以众为我、以舍为得、以和为贵、以敬为尊。
- 应贵州卫视《论道》节目邀请，与中央社会主义学院第一副院长叶小文及博鳌亚洲论坛龙永图秘书长，共同阐述"世界公益"。

五月二十五日
- 宜兴市委宣传部、宜兴广播电视台、宜兴供电局及宜兴紫砂行业协会于佛光祖庭宜兴大觉寺联合举办"天禄之旅·紫砂问禅·大觉寺"活动，应邀与国家级紫砂工艺美术大师徐汉棠、吕尧臣、谭泉海、汪寅仙、李昌鸿、鲍志强、顾绍培、何道洪等禅茶论道。

五月二十八日

- 应邀出席由长江商学院、中国企业家俱乐部、全球 CEO 俱乐部、宜兴市政府主办,大陆远东控股集团承办的"二〇一〇年全球企业家(远东)论坛",于宜兴市政府主讲"企业家的良心与社会责任"。

五月三十日

- 会见"陆军第八军团司令"胡家麒将军及夫人梁纶华,并接受二人所赠送珍藏十八年之《千年巴利文贝叶经》。

六月八日

- 应邀于静宜大学,与单国玺枢机主教以"关怀人间‧超越生死"为题对谈,有俞明德校长、该校师生及各界人士近二千人与会。

六月十二日

- 出席于南京栖霞寺举行的"盛世重光佛顶骨舍利庆典大会"并致词,有中国佛教协会会长传印长老、栖霞寺隆相法师暨两岸高僧共同迎请佛顶真骨舍利。

七月十日

- 应邀参加由连云港市人民政府暨连云港佛教协会主办、海清寺协办的"盛世港城‧舍利重光‧恭迎佛牙舍利至海清寺护国消灾祈福法会"。

七月十一日

- 应邀出席江苏省连云港市"国际西游记文化节",于连云港市文化中心以"中华传统文化与和谐社会"为题演讲。

七月十七日

- 会见"二〇一〇海峡两岸广播交流研讨会"大陆广播代表团团长、中央人民广播电台杜嗣琨副总编辑等二十余位大陆广播界代表。

八月二日

• 主持佛光大学新任校长杨朝祥博士与卸任校长翁政义博士交接典礼。

• 主持佛光大学"佛光山百万人兴学纪念馆奠基典礼",有"教育部长"吴清基、佛光大学校长杨朝祥、卸任校长翁政义及国民党副主席蒋孝严及兴学委员与会。

八月三日

• 于台北道场与海协会张铭清副会长会晤,双方就加强两岸文化、宗教交流、青年学子互动学习等作讨论。

八月六日

• 出席"二〇一〇年国际青年生命学习营"开营典礼,与来自全球一百五十多个国家地区、四百所大学的一千位青年接心。并于三峡金光明寺结营典礼开示"生命存在的意义",马英九先生等人与会。

八月七日

• 应邀与湖南省委梅克保副书记与湖南省人民政府陈肇雄副省长会晤。

八月十六日

• 接受东森财经台"文茜的,与我们的人生故事"主持人陈文茜专访。

八月二十一日

• 会见由梅州市委李嘉书记率领之"广东省经贸文化交流团梅州市分团"一百零一人。

八月二十三日

• 会见中共中央台办常务副主任郑立中。

八月二十六日

- 与龙应台、金庸分别以最高票当选马来西亚《星洲日报》"二〇一〇年度最受欢迎国外作家"。

八月三十一日

- 获韩国金刚大学颁授名誉文学博士学位。
- 应邀与国家宗教事务局一司徐远杰司长、江苏省宗教事务局沈成副局长、中国佛教协会副会长增勤法师及中华国际供佛斋僧功德会理事长净耀法师等"中国佛教协会交流团"一行会面。

九月五日

- 于本山接受阳光传媒集团主席、上海东方卫视《杨澜访谈录》节目主持人杨澜女士专访。

九月六日

- 于台北道场与文化部蔡武部长、国家文物局单霁翔局长、文化部政策法规司韩永进司长等会晤,谈文化与教育理念。

九月十日

- 应江苏常州市政府暨常州天宁寺住持松纯和尚之邀,参加常州大剧院举办的"龙城讲坛",以"道德力量与幸福智慧"为题讲演。

九月十二日

- 应辽宁义县政府之邀,出席第三届"义县民俗文化节暨奉国寺建寺九百九十周年纪念大会"。
- 应辽宁省佛教协会副会长、北普陀寺方丈道极法师之邀,于锦州北普陀寺,以"智目行足"开示大众修行要行解并重。

九月十三日

- 应邀与北普陀寺方丈道极法师及佛光山心培和尚共同主持北普陀寺"佛宝舍利塔"奠基典礼。

九月十六日

• 应邀出席于台北世贸中心举行的"第六届海峡两岸图书交易会"之"首届海峡两岸宗教出版物联展"开幕式,与国家宗教事务局局长暨中华宗教文化交流协会负责人王作安、中国出版工作者协会邬书林副主席、中国人民大学新闻学院赵启正院长、国民党荣誉主席吴伯雄及各宗教代表等共同剪彩。

九月二十四日

• 应邀出席于佛光大学怀恩馆举行的"第一届佛光杯国际大学女子篮球邀请赛"开球及闭幕仪式;本次球赛邀请六个国家地区共八支大学球队参赛。

九月二十六日

• 于台北道场会见由八十家浙江民营企业及二十家香港商界组成的"浙港百名民企访台团"。

九月二十八日

• 应邀至台北中油大楼国际会议厅出席由公益信托星云大师教育基金主办,《讲义》杂志、国际佛光会中华总会协办之第十一届"Power 教师奖"颁奖典礼。

十月三日

• "国际佛光会二〇一〇年世界会员代表大会"于佛光山举行,主题"环保与心保"。有二千多位来自五十余个国家地区的佛光人参与盛会。

十月七日

• 佛光会"世界总会第五届总会长、副总会长及理事改选",续任国际佛光会世界总会总会长。

十月十二日

• 应邀出席佛光大学创校十周年"十破天惊·如虎 Ten years"

校庆典礼。

十月十四日

- 应越南全球视听公司 AVG 之邀，访问越南河内具千年历史的镇国寺。

- 应邀于越南佛教会国际关系办事处，与越南佛教会第三任法主普慧法师见面，并就越南佛教现况、国际佛教未来发展交换意见。

十月十九日

- 出席由《远见》杂志主办"第八届华人企业领袖高峰会"之"人生夜谈"讲座，与"监察院长"王建煊、信义房屋董事长周俊吉，以企业家的"舍与得"、"名与义"为题展开对谈，由《文茜世界周报》主持人陈文茜主持。

十月二十八日

- 于本山接受台湾大学副校长、《商业周刊》"管理相对论"专栏主持人汤明哲先生采访。

十一月一日

- 应邀担任基隆灵泉禅寺"护国千佛三坛大戒"得戒和尚，以"出家后应该学习什么？"为题，勉励四百多位戒子要忍耐、要勤劳、要慈悲。

十一月二日

- 于台北道场与上海师范大学法政学院方广锠教授伉俪会晤。

十一月三日

- 撰写《花，美丽了台湾》一文，记载参观花博之感想。

十一月六日

- 应邀前往日本弘法。于本栖寺为"国际佛光会日本地区干部讲习会"会员讲述日本佛教史。

十一月七日

• 应日本信众之邀,于东京别院主持"甘露灌顶三皈五戒典礼";并出席"日本地区功德主会",有台北驻日文化经济代表处副代表罗坤灿、国会众议院议员渡边浩一郎、东京佛光山信徒代表谢文政伉俪、大阪佛光山信徒代表池平美香、群马佛光寺信徒代表胡昌秀、西原佑一、西原千雅伉俪等近千人与会。

十一月九日

• 应邀出席第二届"星云真善美新闻传播奖"颁奖典礼并担任颁奖人。

十一月十一日

• 于台北道场与"中央研究院"许倬云院士会晤。

• 于台北道场与"国史馆"林满红馆长会晤。

十一月十五日

• 入选"二〇一〇年中国作家富豪榜"。

十一月二十二日

• 应冈比亚驻维也纳联合国大使苏哈博士之邀,以"与冈比亚的友人文化相会"为主题,于维也纳联合国展出"一笔字书法展",为史上首位在维也纳联合国中心展出作品的出家人,有冈比亚公使戈尔亚斯博士及台北驻维也纳代表陈连军等六千人次欣赏。继联合国展出后,移师至维也纳最大的阿尔贝蒂娜国家美术馆展出,与米开朗基罗和毕加索特展一同联展,象征东、西文化的结合,由心定和尚、欧洲总住持满谦法师代表出席剪彩。

十一月二十五日

• 于南京雨花精舍接受中央电视台第四频道"走遍中国"节目采访,谈栖霞山之历史。

- 应邀于南京大学鼓楼校区大礼堂演讲"禅与人生"。

十一月二十六日
- 应邀参加"日本东大寺鉴真大和尚坐像回扬州省亲揭幕仪式供奉法会"并致词。有国务委员唐家璇、中央社会主义学院第一副院长叶小文、江苏省政协主席张连珍、江苏副省长张卫国、扬州市委书记王燕文、扬州市长谢正义、中国佛教协会会长传印法师及各地人士二千余人参加。

十二月六日
- 于中天电视台接受"沈春华 Life Show"节目主持人沈春华小姐采访。
- 应邀于台北"国父纪念馆"出席由台北市两岸人民交流服务协会主办、台湾黄君璧文化艺术协会承办之"神清气朗——吕章申书法展",与台北市两岸人民交流服务协会理事长、新党主席郁慕明,全国政协副秘书长卢昌华,台北"国父纪念馆"郑乃文馆长,前"行政院长"郝柏村,前"文建会"主委申学庸,台北"故宫博物院"周功鑫院长,台湾师范大学张国恩校长及台湾著名收藏家王度先生,为中国国家博物馆吕章申馆长近年创作共同剪彩。

十二月七日
- 应台湾大学校长李嗣涔之邀,于台湾大学法学院霖泽馆为师生讲演"我的学思历程"。

十二月九日
- 以佛光大学创办人身份,颁授文学荣誉博士学位予天主教单国玺枢机主教。并与单枢机主教及建筑美学大师汉宝德先生,于"生命、宗教与人生论坛"对谈。

十二月十日
- 应台北花卉博览会天使生活馆"身心灵 SPA"讲座之邀,以

"花如常"为题与知名媒体人陈文茜女士对谈。

十二月十一日

• 应财团法人贤德惜福文教基金会周荃董事长之邀,与中国佛教图书文物馆馆长圆持法师会晤。

十二月十九日

• 应上海交通大学校长张杰之邀,于该校法华校区经管学院楼主讲"企业家应有的财富观"。

十二月二十日

• 应邀于上海浦东香格里拉大饭店,为上海"海派清口"创始人周立波先生及企业家胡洁女士主持公益佛化婚礼,担任证婚人。

十二月三十日

• 为"第十二届寺院行政管理讲习会"授课,有来自全省各地四十家寺院、六十余位僧信二众参加。

十二月三十一日

• 南京云锦博物馆捐赠"云锦真金孔雀羽八吉宝莲妆花缎袈裟",将袈裟供奉于佛陀纪念馆,作为镇馆之宝。

二〇一一年

一月十三日

• 澳大利亚昆士兰持续暴雨酿成灾情,指示救灾募款活动,并由中天寺代表捐助澳币十万元作为灾难募款基金,由澳大利亚昆士兰州政府资源、矿业、能源及贸易部长斯蒂芬·罗伯森代表州长接受。

二月三日

• 应邀出席"第二次地宫珍宝入宫法会",与会贵宾有"行政院"院长吴敦义、佛光大学荣誉顾问翁政义、"行政院"秘书长林中森、前中山科学研究院院长龚家政将军等及现场逾五千人与会。

二月十八日
- 于佛光山接受英文《中国邮报》记者卢玥麟、吴奕萱小姐采访。

二月二十一日
- 于佛光山会见南京市季建业市长率领"南京市经贸考察团"二十多人。
- 于佛陀纪念馆会见云南省委常委、昆明市委书记仇和率领"昆明市经贸文化考察团"四十多人。

二月二十三日
- 应邀出席"农委会"举办植树月"携手减碳·森日快乐"系列活动启动仪式,于佛光大学与萧万长先生、"农委会"副主委胡兴华、宜兰县长林聪贤、"教育部"政务次长林聪明、佛光大学校长杨朝祥等一起种下树苗。

二月二十四日
- 于佛光山会见海峡两岸关系协会会长陈云林率领经贸访问团二十六人、海峡交流基金会十五人,有海峡交流基金会副董事长高孔廉、副秘书长高文诚、海峡两岸关系协会驻会副会长李炳才、妇联会主任委员辜严倬云、佛光山信徒总代表杨秋兴等及现场千人与会。

三月一日
- 针对海峡两岸关系协会会长陈云林来山访问之社会舆论,撰写《弱者,你的名字叫和尚》一文,于《联合报》发表。
- 《佛光祈愿文》有声版由香海文化发行。

三月三日
- 于佛光山会见"国家文化总会"会长刘兆玄,就中华文化复兴、两岸文化交流、及社会媒体现象等议题交换意见。

三月五日

• 于佛光山福慧家园与参加"二〇一一年信徒香会"之逾二万位信众接心,说明佛光山信徒香会的缘起。

三月十一日

• 日本东北部发生超级里氏九级强震,并引发大海啸,指示当地道场于第一时间设立救援及庇护中心。

三月十二日

• 为三月十一日"日本东北大地震"撰写《为日本东北大地震祈愿文》。

• 于佛光山接受中央电视台赵晶小姐、郭民先生采访,对于日本灾情表示:受灾居民只要有信心,任何事都能不被打倒,相信在国际佛光会的全力赈灾下,能够帮助灾民重建崭新的生活。

• 应邀出席于佛光山举行,由南京大学党委书记洪银兴率领的"台湾·南京大学周"访问团举办之"《中国佛教通史》展示会"及"佛法智慧与智慧人生"讲座,以南京大学中华文化研究院名誉院长的身份与南京大学中华文化研究院院长赖永海、副院长徐小跃共同主讲。"台湾·南京大学周"为大陆高校首次在台举办大型文化交流活动,访问团由南京大学四十名学者、校友、企业家组成。

三月二十日

• 前往桃园林口体育馆应邀出席"日本东北大地震祈福祝祷暨禅净密三修法会",与大众念诵《为日本东北大地震祈愿文》,并为来自台北、桃竹苗、花莲、宜兰、离岛等地的信众两万多人开示。有"行政院长"吴敦义、国际佛光会中华总会荣誉总会长吴伯雄、"教育部"政务次长林聪明、桃园县长吴志扬、市长苏家明等出席。

三月二十五日

• 于南京雨花精舍接受路透社记者林洸耀先生、中国佛教网赵兴娟小姐等五人采访。

三月二十六日

- 应邀于南京栖霞古寺毗卢宝殿主持"三皈五戒及菩萨戒"正授典礼,并开示皈依受戒的真谛。由南京栖霞古寺住持隆相法师担任羯磨阿阇黎,首座曙光法师担任教授阿阇黎,监寺谛如法师担任开堂,有千余人皈依受戒。

三月二十七日

- 于佛光祖庭宜兴大觉寺接受凤凰传媒张林、马妮娜,江苏文艺出版社黄晓初、博集天卷黄隽青、北京电视台金恬、《扬子晚报》蔡震、《金陵晚报》王峰、《南京晨报》刘磊、《第一财经日报》罗敏、《齐鲁晚报》郭静、《华商报》狄蕊红、优酷网陈银卫等十一家媒体约二十位记者联合采访。

三月三十一日

- 应邀前往北京法源寺中国佛教图书文物馆访问,中国佛教协会会长传印长老致词欢迎,由馆长圆持法师带领参观。

- 应邀出席于北京人民大会堂举行的"涅槃——凤凰卫视十五周年庆典晚会"致词,说明涅槃是圆满、光明、一切吉祥的意思,在佛经里记载涅槃有四德:一、恒常永久的;二、安乐幸福的;三、真我常住的;四、清净净化的。有凤凰卫视董事局主席刘长乐、全国政协副主席董建华、第十届全国人大常委会副委员长成思危、国台办主任王毅、文化部部长蔡武、北京市长郭金龙、广电总局局长蔡赴朝、国侨办主任李海峰、海协会会长陈云林等及现场逾六千人与会。

四月

- 著作《人生百事》小丛书,印尼文版发行,于印尼棉兰、占卑、雅加达、北干巴拿、马辰、苏门答腊、加里曼丹、爪哇、巴厘岛及泰国普吉岛等地流通。

四月一日

• 应邀于北京出席清华大学主楼报告厅举行,由凤凰卫视和清华大学新闻与传播学院承办的"华语媒体高峰论坛",就论坛主题"迎接全媒体时代"与世界华文媒体集团主席张晓卿、凤凰新媒体首席执行长刘爽、上海东方传媒集团总裁黎瑞刚、《解放日报》社长尹明华、旺旺中时媒体集团总管理处执行副总经理羊晓东、清华大学新闻与传播学院常务副院长尹鸿、新浪首席执行官兼总裁曹国伟、凤凰卫视董事局主席刘长乐等人对谈,并以"媒体与三好运动"发表意见:"三好运动"以后会带来"五和"的社会,媒体应该予以宣扬倡导;尤其过去史上经常战争,人民不安,现在提倡"社会和谐",为中华文化和平的历史树立重要的标杆。

四月二日

• 应北京大学校长周其凤之邀,于校长办公楼大礼堂讲演"禅文化与人生",并接受北京大学颁聘名誉教授证书。有北京大学常务副校长刘伟、校长助理李强、新闻传播学院常务副院长徐泓、北京大学教育基金会会长邓亚、哲学系主任王博、哲学系楼宇烈、北京语言大学校长崔希亮等教授出席,近七百人聆听。

四月四日

• 于厦门接受《厦门日报》社长年月女士采访。

四月五日

• 应厦门大学校长朱崇实和新闻传播学院院长张铭清之邀,出席厦门大学建校九十周年校庆活动"走近大师系列讲座",于厦门大学建南大礼堂讲演"空有之关系",现场四千人与会。

四月十三日

• 应广州中山大学校长许宁生之邀,莅校于怀士堂讲演"世间财富知多少"。有中山大学副校长陈春声、副书记李萍、哲学系龚隽教授等师生近五百人与会。

四月二十二日
- 于佛光山接受《远见》杂志副主编邱莉燕小姐为六月出版的《台湾进步一〇〇》专刊报道采访。

四月二十三日
- 泰国"国会众议院宗教艺术文化委员会"于阿育他耶汪莲县摩诃朱拉隆功大学大会议厅举行"佛历二五五四年第三届佛教杰出贡献奖颁奖典礼",获颁佛教杰出奉献金刚奖,成为奉献奖首位获奖国外华僧,由心定和尚代为前往领奖,有千余人与会。

四月二十六日
- 前往西安与当地高校多位大学校长、副校长会面,双方针对两岸大学往来、如何涵养现代大学生、现代人身心安顿等问题进行交流。有西北大学校长方光华及副校长李浩、西安交通大学副校长卢天健等二十余人与会。

四月二十八日
- 与澳门特首崔世安博士会晤,特首赠澳门地标"观音"水晶像。
- 应邀于澳门大学文化中心讲演"世间财富知多少",由澳门大学校长赵伟博士主持,有澳门大学师生千余人参加。

五月八日
- 出席"行政院文建会"指导,佛光山寺、国际佛光会中华总会主办的"母亲节暨法定佛诞节庆祝大会",适逢辛亥革命百年,特以"千僧万众祝佛诞·一心十愿报母恩·辛亥百年齐声庆·国泰民安祈和平"为主题。有"行政院长"吴敦义、台北市长郝龙斌、新北市长朱立伦、"文建会"主委盛治仁、"行政院"秘书长林中森、

"环保署长"沈世宏、桃园县长吴志扬、"内政部"民政司长黄丽馨、联合国新闻部非政府组织协会执行委员会主席杰弗瑞·赫芬斯、日本山梨县前议长深泽登志夫、凤凰卫视董事局主席兼行政总裁刘长乐、路透社大中华区首席记者林洸耀、日本净土真宗本愿寺代表藤丸智雄、"中国国际供佛斋僧功德会"理事长净耀法师、"中华佛教青年会"理事长惟静法师、"中华慈航生命关怀协会"理事长明空法师、辽宁省北普陀寺方丈道极法师、台湾法身寺禅修协会代表善德法师及各县市佛教会理事长、台湾一贯道总会秘书长张明致、"中国天理教总会"总干事张光雄、轩辕教大宗伯陈怡魁、世界佛教徒友谊会副会长黄书玮、"中华佛教居士会"理事长陈声汉等,以及泰国、菲律宾、墨西哥等国驻台代表,及现场数万人与会。

- 出席由台湾历史博物馆、财团法人佛光山文教基金会主办,佛光缘美术馆承办的"云水天下——星云大师一笔字书法展"开幕典礼,于台湾历史博物馆展出,展出作品计有一笔字及手稿一百八十九件。有"行政院长"吴敦义、"文建会"主委盛治仁、"陆委会"主委赖幸媛、台湾历史博物馆馆长张誉腾、凤凰卫视董事局主席兼行政总裁刘长乐先生等人与会。展期至六月九日圆满,共展出三十三天,周美青女士与家人亦前往参观。

五月十三日

- 于佛光山会见北京大学校长周其凤率领北京大学访问团三十人。

五月十五日

- 前往台北道场应邀出席《人间福报》主办"人间百年笔阵"成立大会,亲自颁赠聘书予笔阵成员。由柴松林教授担任召集人,成员包括:高希均、杨朝祥、黄光国、南方朔、江素惠、朱云鹏、蒋本基、张亚中,以及陈朝平,并有北京大学新闻学院常务副院长徐泓出席观礼。

五月十八日

• 应邀出席由太湖文化论坛、中国文联、江苏省政府及中国人民外交协会主办的首届太湖文化论坛年会开幕式,于苏州太湖国际会议中心演说开幕主题"五和"。有巴基斯坦总理吉拉尼、欧元之父罗伯特·蒙代尔、北京故宫博物院郑欣淼、中国文联主席孙家正、印尼前总统梅加瓦蒂、江苏省委书记罗志军、江苏省政协主席张连珍、苏州市委书记蒋宏坤等及现场五百余人与会。

五月二十二日

• 于佛光祖庭宜兴大觉寺接受上海《瞭望东方周刊》采访。采访内容刊登于《瞭望东方周刊》三九六期《宗教信不信不要紧,做人最重要》。

五月二十四日

• 应邀出席由江西省宗教文化交流协会主办的"心之声"象湖讲坛首场讲座,于滨江宾馆大会堂主讲"生命的发展与升华",由江西省宗教事务局长谢秀琦主持,江西省委书记苏荣及现场九百余人与会。

五月二十八日

• 应邀出席江西宜丰"东方禅文化园"开幕仪式,有江西省政协主席傅克诚、副省长熊盛文、江西省宗教事务局局长谢秀琦等人与会。

五月二十九日

• 应江西宜春市人民政府之邀,出席于宜春文化艺术中心举办的"明月禅心论坛"首场讲座,主讲"禅与人生",有宜春市委书记谢亦森及现场一千七百人与会。

- 应邀前往南昌大学出席授聘仪式,接受南昌大学颁赠名誉教授,由校长周文斌博士主持,师生近百人与会。

六月
- 著作《往事百语》有声珍藏版,由香海文化出版。
- 著作《人海慈航:怎样知道有观世音菩萨》由有鹿文化出版。

六月一日
- 著作《释迦牟尼佛传》简体漫画版,由上海大觉文化授权,上海文化出版社发行。

六月三日
- 于佛光山会见文化部副部长、中华文化联谊会会长赵少华女士率领"中华文化联谊会团"一行十五人。

六月六日
- 于佛光山会见江西省政协主席傅克诚,率领"江西省赣台经济科技文化交流促进会访问团"一行十三人。

六月十一日
- 与马英九先生一同应邀出席佛光大学"二〇一〇学年度毕业典礼",对毕业生有四点提醒:一、给人接受;二、给人试用;三、给人利用;四、发心服务。现场三千余人与会。

七月十四日
- 于佛光山出席预备成立的"佛光四校一体大学系统"会议,有佛光大学校长杨朝祥、南华大学校长陈淼胜、西来大学校长吴钦杉、南天大学人文学院院长洛克斯顿等二十余人与会。

七月十五日
- 应邀出席于佛光山举办的"二〇一一年第二十六期全台教师生命教育研习营"结营典礼开示。有佛光、南华、西来、南天四所大学一级主管及五百位老师与会。

七月十六日

- 应邀出席于佛光山举办的"二〇一一年全民阅读博览会'环保与心保'"南部场,讲演"成就的秘诀——金刚经",有一千五百位读者与会。

七月二十一日

- 受邀于佛光山为《百年中国:迷悟之间》纪录片录制片尾谈话并题写片名,该纪录片由两岸统合学会理事长张亚中主持制作。

七月二十四日

- 于佛光山会见香港中文大学文学院院长熊秉真与历史学讲座教授蒲慕州。

八月五日

- 于佛光山应邀主持"二〇一一国际青年生命禅学营"开营典礼,为来自四十余国家地区、四百所知名大学,信仰佛教、伊斯兰教、基督教、天主教、一贯道等硕博士生一千五百位青年开示。高雄市民政局副局长曾姿雯,北京大学新闻传播学院院长徐泓、副院长王洪波、教授陆地,菲律宾《菲华日报》社长陈永年伉俪、菲律宾首都华商会名誉理事长陈凯复等人与会。

八月十一日

- 于《人间福报》"人间百年笔阵"专栏,发表《让选贤与能复活》一文。

八月十五日

- 于佛光山应邀为南华大学所举办的"第七届华文出版趋势学术研讨会暨二〇一一两岸出版与文化事业交流"之北京、河北、武汉、南京等大学近五十位学者讲话。有南华大学出版与文化事业管理研究所所长杨聪仁、北京大学现代出版研究所所长萧东发、南京大学新闻传播学院所长张志强等人与会。

八月十七日

• 应邀于佛光山主持"二〇一一年全台教师佛学夏令营"开营典礼,为来自全台各级大学、中学、小学、幼稚园等近六百位老师开示。

八月十九日

• 于佛陀纪念馆会见高雄市观光局局长陈盛山、中国交通运输协会会长钱永昌等一行十五人。

八月二十日

• 应邀出席于佛陀纪念馆举办的"二〇一一高雄国际佛光山佛陀纪念馆素食博览会"开幕致词。高雄市副市长李永得、屏东县政府副县长钟佳滨、金门县政府建设局专员杨文喜、嘉义市政府民政处处长张宽煜、台南市政府文化局局长叶泽山、高雄市观光局局长陈盛山及现场近二千余人与会。

八月二十二日

• 佛光山召开"海内外徒众讲习会",应邀为大众开示"佛陀纪念馆的精神意义"。

八月二十三日

• 于佛光山会见伦敦西敏寺署理市长马歇尔博士。

• 应邀出席由"文建会"指导、国际佛光会主办,于佛陀纪念馆举行的"爱与和平宗教祈福大会",与马英九先生、天主教单国玺枢机主教共同点亮象征和平的地球仪。有"行政院长"吴敦义、"立法院长"王金平、凤凰卫视总裁刘长乐、"行政院"秘书长林中森、"文建会"主委盛治仁、"内政部"次长林慈玲、高雄市副市长李永得、台南市长赖清德、嘉义市长黄敏惠、桃园县长吴志扬、屏东县副县长钟佳滨、屏东市长叶寿山、台湾道教会理事长张柽、"中国伊斯兰教协会"秘书长马孝祺、天主教高雄教区总主教刘振忠、"中国佛教会"副理事长明光法师、法鼓山方丈果东法师、台湾一贯道总会理事长李玉柱、高雄基督教宣圣教会主任高德福牧师、"中华佛教居士会"理事长陈声汉、财团法人轩辕教大宗伯陈怡魁、耶稣基督后期圣教徒教会公共事务主管梁世安、中华天帝教总会枢机使者郭芳夫、"中国天理教总会"秘书长张光雄、台湾天德教总会副理事长林锦垣、台湾省佛教会理事长会光法师、"中国佛教会"常务理事本觉长老、高雄市佛教会理事长净明法师、比丘尼协进会理事长普晖法师、香光尼众佛学院院长悟因长老、马来西亚锡克教会长辛格（Sardar V. Harcharan Singh）、及海内外民众逾三万多人与会。

八月二十五日

• 应邀出席首届"马祖国际和平论坛"，于马祖民俗文化馆与天主教单国玺枢机主教、台湾红十字会总会会长陈长文就"公益与和平"议题共同探讨。

九月一日

• 于《人间福报》"人间百年笔阵"专栏，发表《禅在中国》一文。

九月三日

• 于佛光山应邀为参与"二○一一年全台督导联谊暨进修研习"学员开示。

九月六日

• 于佛光山会见扬州市委书记王燕文、江苏省委台办主任王荣平等二十八人。

• 于佛光山会见山西省宣传部部长胡苏平、山西省台办主任黄进明与山西新闻媒体代表团一行七十一人。

九月十一日

• 应邀出席"台湾灵岩山寺台中念佛堂落成启用暨四大主殿

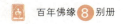

圣像开光大典",教界团体近万人出席观礼。

九月十七日

• 前往台东月光寺应邀主持"二〇一一年甘露灌顶三皈五戒典礼",有一千五百余位信众参加。

九月十八日

• 前往台北道场应邀主持"佛光山北区二〇一一年甘露灌顶皈依典礼",有新北市长朱立伦、"立委"林鸿池观礼,前板桥市长江惠贞、市议员刘美芳、歌仔戏名角唐美云及多位里长等二千余位信众皈依。

• 应邀出席于新北市政府多功能集会堂三楼举行,由佛光会中华总会主办的"第七届第六次理监事暨督导会长联席会议",并接受"文建会"主委盛治仁致赠"爱与和平、佛光普照"地球仪奖杯,表达对本山主办"爱与和平宗教祈福大会"的谢意,现场近二千余位佛光干部参加。

九月十九日

• 前往浙江应邀出席"浙江奉化雪窦山弥勒文化节"开幕仪式致词,有中国佛教协会副会长根通法师及上海玉佛寺住持觉醒法师等六千余人与会。

九月二十三日

• 应邀于江苏盐城永宁禅寺毗卢宝殿,讲演"和谐社会",有盐城市宗教事务局局长嵇绍乾、永宁寺住持仁风法师及信众五百余人与会。

九月二十四日

• 应邀出席江苏阜宁盘龙古寺佛像开光法会开示,有阜宁县县长王强副、盐城宗教事务局局长嵇绍乾、人大副主任洪晋玲、江苏省佛教协会副会长能修法师、阜宁县佛教协会会长了尘法师、盘龙古寺住持衍力法师及逾五百名信众与会,由海清寺慧宽法师代表大师主持典礼。

- 应邀前往扬州讲坛,讲演"生涯的规划",有扬州市委书记王燕文、副市长王玉新等千余人与会。

九月二十五日

- 前往扬州大学,接受颁赠"扬州大学佛学研究所名誉所长"聘书及"扬大讲坛演讲"证书,讲演"谈心——星云大师的人生幸福课"。有扬州大学党委书记陈章龙、扬州大学校长郭荣、副校长周新国、扬州市市委书记王燕文、副市长王玉新及五百余位扬州大学师生与会。

- 应邀出席扬州讲坛,讲演"人生与财富",有扬州市市长谢正义、副市长王玉新及千余人与会。

九月二十七日

- 受邀参观淮海战役(即徐蚌会战)纪念馆,并题写"社会和谐,世界和平,且看中国"。

- 受邀巡礼徐州狮子山楚王陵,得知毗邻有纪念中国佛教史上首位比丘尼净检法师的竹林寺,应邀题写"竹林寺"。

九月二十八日

- 应邀出席徐州茱萸寺落成典礼并致词,并题写"茱萸寺"。

九月三十日

- 应山西大同市市长耿彦波之邀,前往山西省大同市云冈石窟出席"云冈建窟一千六百年庆典活动"致词,有大同市委副书记柴树彬、中国佛教协会副会长妙江法师、中国人民大学方立天教授等三千余人与会。参观云冈石窟之后,并为云冈石窟研究院题写"人类心宝"。

- 于《人间福报》"人间百年笔阵"专栏,发表《明治维新的镜子》一文。

十月一日

· 应大同云冈文化节之邀,于大同市工人文化活动中心讲演"和谐社会"。有大同市长耿彦波、大同市委常委姚生平、大同市人大副主任马维平、大同古城保护和修复研究会会长安大钧及近千位信众与会。

十月七日

· 于佛光山会见来台参加"二〇一一年第八届两岸高校人力资源开发与管理研讨会"之山东省教育厅副厅长邢善萍、台湾"教育部"人事处长陈国辉、成功大学主任张丁财及两岸多所大学干部等七十人。

十月十日

· 于《人间福报》"人间百年笔阵"专栏,发表《放生与护生》一文。

十月十五日

· 于佛光山大雄宝殿主持"剃度及入道典礼",开示"如何做好出家人"。有美国、加拿大、新西兰、马来西亚、新加坡、印度,以及大陆、香港、台湾各地等五十七人发心出家及五位师姑入道。

十月二十日

· 于佛光山接受由"文建会"委请"华视"制作辛亥革命百年系列活动节目采访。针对记者万人凤提问对辛亥百年的感触、"八二三爱与和平宗教祈福大会"的意义、佛馆地宫的意义、为全民许个愿等问题回应。

十月二十四日

· 歌仔戏名角唐美云为饰演二〇一一年度大戏《大愿千秋》地藏王菩萨,接受其发愿于本山剃度短期出家,为其提取法号"本传"。

- 于《人间福报》"人间百年笔阵"专栏,发表《从和谐到和平》一文。

十月二十八日

- 于佛光山会见由《人间福报》主办的"媒体主管参访佛馆团",计有《联合报》、《旺报》、《前锋招标日报》、《中华日报》、《台湾立报》、《青年日报》、台湾中评社、金传媒集团、汉声广播电台等台湾媒体主管一行二十人,有《人间福报》总编辑符芝瑛小姐与会。

十一月十二日

- 于佛光山会见国家宗教事务局副局长张乐斌、深圳市宗教局处长王子建、深圳弘法寺住持印顺法师、灵鹫山佛教基金会净念法师等一行二十人。

- 于佛光山为庆祝辛亥革命百年暨佛陀纪念馆落成系列活动"国际万缘三坛大戒"的戒子开示:心中要有"三宝",三宝就是要发心、要忍辱、要正道。有美国、加拿大、马来西亚、印尼、泰国、斯里兰卡及台湾等十二个国家和地区戒子与会。

十一月十三日

- 应邀于佛光山为参加"义工台湾・青年爱心赞出来大会师"六百位学员接心开示。

十一月二十日

- 前往台北世贸国际会议中心应邀出席第三届"星云真善美新闻传播奖"颁奖典礼,共十八位获奖,分别是:华人世界终身成就奖姚朋,台湾地区教育贡献奖汪琪,台湾地区传播贡献奖周天瑞、江才健,海外地区传播贡献奖郭振羽、翁台生、范以锦、胡舒立,两岸交流贡献奖张铭清,两岸新闻资讯贡献奖陈文茜。有"新闻局长"杨永明及前二届得奖者张作锦、南方朔、黄年、王健壮等担任颁奖人。

- 应邀出席于台北世贸国际会议中心举行的"二〇一一年国际佛光会中华总会会员大会"。会中提案通过,捐助"泰国地区水灾"赈灾款追认案、推广"佛陀纪念馆户外教学"案、推动"法同舍——家庭五戒新生活运动"、"佛光会务辅导员"培训案等十多个议案,有近三千人与会。

- 于佛光山应邀出席震旦集团董事长陈永泰地宫文物捐赠仪式。陈永泰董事长为丰富佛陀纪念馆的"地宫还原常设展"的内涵,经西安法门寺及陕西省文物局的同意下,委派震旦博物馆人员至西安法门寺复制二十件极具代表的地宫文物,并将其捐赠给佛光山。有南京栖霞古寺住持隆相和尚及震旦集团董事吴棠海等出席与会。

十一月二十五日

- 接受民视南部中心主任黄扬俊等二人采访。

十一月二十九日

- 应邀出席于佛光山举行的"二〇一一世界华文作家协会第八届会员代表大会"开幕式,并接受该会颁赠"世界华文作家协会名誉会长证书"。有台湾文学馆馆长李瑞腾、协会名誉副会长赵淑侠、秘书长符兆祥、北美会长赵俊迈、非洲会长赵秀华及王润华、施叔青、丘彦明、张凤、封德屏等来自全球二百多位华文作家与会。

十二月一日

- 出席庆祝辛亥革命百年暨佛陀纪念馆落成系列活动——"佛祖巡境·全民平安"佛陀真身舍利全台环岛绕境祈福起程仪式,于佛光山大雄宝殿为五百位行脚僧开示:世界有四种走路最广阔的人,一是为保家卫国而行走山河的军人,二是促进经济物品交流的商贾,三是寻求世界更多资源与明媚风光的探险家、旅行家,四是为弘法行遍各地的佛教僧侣,诗偈中"一钵千家饭,孤身万里游"正是最佳写照。

十二月五日

- 于佛光山会见参加"两岸六方媒体高峰会议——第五届3+3传媒论坛"的来自大陆、台湾及香港等地六十名媒体主管。有台北市报业商业同业公会理事长林圣芬、上海传媒代表团团长宋超(复旦大学新闻学院院长)、江苏记协周世康主席、浙江代表团团长俞文明(《浙江日报》集团副总编辑)等人与会。

十二月七日

- 于佛陀纪念馆对首届两岸企业领袖合作高峰会两百人开示,有台湾乡镇市民代表会联合总会秘书长刘冠雄、中国两岸经济促进会会长蓝俊雄等人与会。

十二月十一日

- 于佛光山接受《深圳特区报》驻台记者张雪松小姐采访。

十二月十二日

- 应邀出席于佛陀纪念馆四给塔举办的天下文化出版《人间佛国——佛光山佛陀纪念馆纪事》新书发表会。

十二月十三日

- 应邀出席于"国家图书馆"国际会议厅举办的第一届"全球华文文学星云奖"颁奖典礼,资深作家余光中获颁贡献奖,儿童文学作家林良、小说家聂华苓女士获颁特别奖。

十二月十六日

- 于佛光山接受《亚洲周刊》记者童清峰先生电话采访,内容刊载于《亚洲周刊》第二十四卷第二期《人间佛教建造台湾新奇观》。

十二月十七日

- 会见陕西省道教协会及陕西省民族宗教文化交流协会一行

十一人。

十二月十八日

- 应邀出席见证于佛光山传灯楼举行的佛光山与山东兖州兴隆寺缔结为兄弟寺典礼,有兖州市人大常委会主任陈方、兖州市宗教事务局局长周鹏、兖州市台办主任高华等人与会。

十二月二十二日

- 应邀出席于佛光山如来殿举行的"佛光会世界总会二〇一一年第五届第一次理事会议"开幕典礼,由妙光法师英文翻译。
- 出席于佛陀纪念馆举办的"庆祝佛陀纪念馆落成系列活动"记者会,有四十余家海内外媒体与会。

十二月二十五日

- 受邀出席庆祝辛亥革命百年暨佛陀纪念馆落成系列活动——佛陀纪念馆"山门启钥地标洒净典礼"。
- 受邀出席庆祝辛亥革命百年暨佛陀纪念馆落成系列活动——"佛陀纪念馆暨各展览馆开幕暨祝祷世界和平两岸和合典礼",有马英九先生、佛光山信徒总代表吴伯雄及十万名信众与会。

十二月二十六日

- 出席庆祝辛亥革命百年暨佛陀纪念馆落成系列活动——"千僧万众恭迎佛陀舍利暨舍利安座礼"。

十二月二十七日

- 因脑内血管硬化合并右侧额叶缺血性脑中风,于高雄长庚纪念医院入院治疗,并由陈肇隆院长率医疗团队亲自主持记者会,发布新闻稿。

十二月三十一日

- 依约抱病出席庆祝辛亥革命百年暨佛陀纪念馆落成系列活

动——"菩提眷属祝福礼暨百年好合佛化婚礼",并有主持的第一对佛化婚礼菩提眷属艺术家李奇茂、张光正伉俪出席。由佛光山信徒总代表吴伯雄总会长现场主婚,及来自英国、美国、希腊、法国、印度、新西兰、日本、菲律宾、尼泊尔、南非等十余个国家地区的两百对新人和八百对菩提眷属与会。

二〇一二年

一月一日

• 应邀出席庆祝佛陀纪念馆落成系列活动——"佛光三好人家授证"及"表扬建馆有功人员",有国际知名鉴定专家李昌钰博士伉俪、台肥公司董事长钟荣吉等人与会。

一月二日

• 撰文《台湾共识——我的六项建议》刊登于《中国时报》;《安乐幸福——就是台湾共识》一文刊登于《联合报》。

一月二十五日

• 应邀出席佛陀纪念馆"第三次地宫珍宝入宫法会"。有"行政院长"吴敦义伉俪、"行政院"秘书长林中森、"教育部"政务次长林聪明、台湾驻阿根廷官员李世民、前高雄县县长杨秋兴及上万名信众与会。

• 马英九先生于佛陀纪念馆探望大师,并写下新春祝福语:"佛光普照三千界,法水长流五大洲"。

二月

• 由美国佛光出版社出版的著作《佛教对当代问题探讨(二)》(Life:Politics, Human Rights, and What the Buddha Said About Life)被美国评论组织"Midwest Book Review"选为二月份佛教评论书籍。

二月五日

• 受佛光缘美术馆之邀出席佛光山佛陀纪念馆摄影比赛"佛光掠影"颁奖典礼;参赛作品共一五三〇件,由陈伟森的"静思"获得金牌佛光奖,有高雄市艺文团体理事长协会创会主席李春成及九所中小学校长与会。

二月二十二日

• 为参加"佛光山二〇一二年信徒香会"桃竹苗以北地区信众一千八百人、中南区信众一千八百人、朝山信众一千一百人开示。有《人间福报》社长符芝瑛小姐与会。

三月

• 成立"人间佛教研究院",并担任院长,慈惠法师担任执行副院长,南京大学程恭让教授担任主任。

三月二日

• 为前"新闻局长"赵怡博士偕同母亲赵杨觉苑女士、弟弟赵健及家族三代、永庆房屋集团董事长孙庆余、桂格食品董事长苏信智亲友一行十六人于大雄宝殿举行皈依典礼。

三月九日

• 于佛陀纪念馆接受《亚洲周刊》记者欧银钏小姐(笔名蓝慧)专访,以星云文学奖为主题,谈阅读、写作及教育。采访内容《星云文学奖全球征文》刊登于《亚洲周刊》第二十六卷第十四期。

三月十日

• 吕秀莲女士前来佛光山拜会,对其能推广环保素食表示赞叹。

三月十七日

• 于佛陀纪念馆会见国际经典文化协会主席温金海、天津的天真国际书院创办人崔爱玲一行五人。

三月二十日
- 于佛陀纪念馆会见《旺报》举办的第二届"两岸征文颁奖典礼"的陆港澳媒体主管一行四十八人,有《旺报》社长黄清龙先生、天津《今晚报》总编辑鲍国先生等人与会。

三月二十一日
- 出席于紫竹林举办的"财团法人中华福报生活推广协会第三届第四次理监事会议",有《人间福报》社长符芝瑛、名誉理事长柴松林、理事长陈顺章等二十六人与会。

三月二十五日
- 于佛陀纪念馆菩提广场为南区"二〇一二年禅净密三修法会"参与信众两万多人开示。

三月二十六日
- 于佛光山拍摄4D影片《一笔字》,有赵大深顾问、戴玉琴小姐、曲全立导演等人协助拍摄。

三月二十八日
- 于佛陀纪念馆会见高雄市陈菊市长等一行二十余人,并表示:世界上的人都知道释迦牟尼佛,让世界各地因为佛陀纪念馆而看到台湾,认识高雄。

三月三十一日
- 受佛光缘美术馆之邀出席于佛陀纪念馆本馆二楼举办的"一探壶趣——李奇茂、张光正感恩赠壶作品展"开幕茶会致谢辞。李奇茂教授表示,十分感念当初为自己证婚,而收藏茶壶是夫妻两人共同的爱好,就好像养了很多儿子、女儿,唯有送到佛光山才能心甘情愿,所以全部献给佛光山。有高雄市政府民政局科长蔡镇坤、亚洲美术家联盟台湾委员会会长顾重光、台北市宗教艺术文化协会会长刘家正等与会。

四月

- 著作《僧事百讲》全套六册,由佛光文化出版。

四月一日

- 应福慧家园之邀出席第九季共修会首场,于福慧家园主讲"有佛法就有办法",表示:有慈悲、忍耐、无我的观念就会有办法。近两千位信众与会,由慈惠法师台语翻译。

四月五日

- 撰写《阅读充实心灵·抢救文化出版业》一文,于《联合报》发表。
- 于佛陀纪念馆会见澳门文化司长办公室主任张素梅女士、澳门宗教文化交流协会会长梁安琪女士以及"福田永种·和谐澳门·恭迎佛陀顶骨舍利瞻礼祈福大会组织委员会"等十二人,专为恭请大师参加四月三十日南京迎请佛顶骨舍利至澳门供奉瞻礼事宜。
- 于佛陀纪念馆会见菲律宾教育部次长吉哈诺女士、陈延奎基金会执行长林立伟先生等一行五人。吉哈诺女士肯定佛光山办教育非常用心,未来希望将"三好"理念融入教育课程。由满和法师英文翻译。

四月十七日

- 前往江阴市人民政府拜会无锡市委常委、江阴市委书记蒋洪亮,有市委副书记高佩,市政协副主席、市委统战部部长陈兴初等人与会。

四月二十日

- 受邀至无锡人民大会堂讲演"认识自己"专题讲座,表示:人渺小,可是心很大,所谓心包虚空,虚空都在我心里;心有多大,世界就有多大,放大胸怀,胸怀天下。有无锡统战部及各界人士一千三百人与会。

四月二十一日

• 于佛光祖庭宜兴大觉寺会见近代艺术家徐悲鸿夫人,高龄九十岁的廖静文女士,由外孙廖健钧、徐悲鸿艺术委员会秘书长廖鸿华先生、北京大学蓝华教授等一行陪同。

四月二十三日

• 受邀至江都广电总台,为三百位现场听众开示"人生三宝",勉励大家以勤劳、结缘、忍耐这三宝来成就自我、获得幸福。

四月二十七日

• 出席由江苏省宜兴市人民政府主办,宜兴市旅游园林管理局、西渚镇政府、太华镇政府承办,云湖风景区、《人间福报》、佛光祖庭宜兴大觉寺协办的首届"二〇一二中国宜兴两岸素食文化暨绿色生活名品博览会"开幕式,并在三次和平钟声中祈愿,一愿"两岸友好,中国富强";二愿"风调雨顺,人民安乐";三愿"参加大众,平安吉祥"。有无锡市委书记黄莉新女士、北京市原副市长张百发先生、江苏省委前副书记冯敏刚先生、宜兴市委书记王中苏先生、市长张立军先生等人与会。

• 于佛光祖庭宜兴大觉寺接受凤凰卫视采访。

五月五日

• 于佛陀纪念馆会见由《远见》杂志举办的"共创两岸和平红利论坛"一行二十人,有远见·天下文化事业群创办人高希均、创新工场董事长李开复、真格基金创始人徐小平、优米网创始人王利芬、万科集团副总裁毛大庆、作家韩寒伉俪等人与会。

五月六日

• 会见财团法人两岸共同市场基金会最高顾问钱复伉俪、阳明海运公司董事长卢峰海伉俪等"博鳌论坛"台湾代表团十余人。

• 会见《台湾时报》董事长王明仁伉俪、副社长林天从一行十人。

五月十三日

• 出席由"内政部"指导,国际佛光会主办,于凯达格兰大道举办的二〇一二法定佛诞节暨母亲节庆祝大会,有马英九先生、吴敦义先生、国际佛光会中华总会荣誉总会长吴伯雄、联合非洲议会主席斯蒂切沃、日本国会议员山梨县富士河口湖町町长渡边凯保、日本东京都江东区议会议员米泽和裕、中国国际供佛斋僧功德理事长净耀法师以及王金平先生、李鸿源先生、杨进添先生等及现场十万人与会。

五月十四日

• 撰文《慈悲与仁爱的启示——请宽待陈水扁、赦免林毅夫》,全文刊载于十五日《中国时报》、《旺报》、《人间福报》等媒体。

• 于佛光山召开记者会说明有关"特赦陈水扁事件及赦免林毅夫"的议题,有 TVBS、三立等七辆 SNG 车及《联合报》、《中国时报》等共十一家媒体采访。

五月二十二日

• 撰文《台湾方向在哪里?》,全文刊载于《人间福报》、《旺报》、《中国时报》与中评社等媒体。

五月二十六日

• 受邀出席佛光山于佛光堂广场首度举办的"高雄大树国际水果节"开幕仪式,有高雄市政府农业局局长蔡复进等人与会。

• 于佛陀纪念馆会见大陆国务院台湾事务办公室副主任叶克

冬一行九人，"政务委员"杨秋兴先生与会。

五月二十七日
- 于佛陀纪念馆接受媒体采访有关"台湾江苏周"活动，有江苏省委副书记石泰丰率领之参访团、扬州市委书记谢正义率领之参访团及新闻媒体与会。

五月二十九日
- 会见云南省海峡两岸交流促进会名誉会长黄毅等一行十六人。

五月三十日
- 会见安徽女书法家协会陈萍主席一行二十二人。
- 会见马来西亚教育部副部长特别事务官张瑞慈督学，率领马来西亚中学教师赴台生命教育研习团二十六人。有团长吉隆坡国中华文教师联谊会主席郑玉表、副团长吉隆坡洗都美以美男校课外活动主任邱莲槟老师等人与会。

六月一日
- 为天下文化出版的哈佛大学荣誉教授傅高义著作《邓小平改变中国》写序。

六月二日
- 受邀出席于佛光堂广场举行的"二〇一二高雄大树国际水果节"祈福法会，有高雄市长陈菊、副市长陈启昱、高雄市农业局长蔡复进、民政局长曾姿雯、民政局副局长蔡柏英等人与会。

六月五日
- 于佛陀纪念馆会见《星洲日报》暨世界华人媒体集团总编辑萧依钏、中国《侨星》杂志社总编辑任海鹰、广州复大肿瘤科院长徐克诚及副院长刘丽宝小姐一行四人，并接受采访。采访内容刊登于七月《侨星》杂志一〇一期。

六月八日

• 为参加金光明寺北区水陆法会瑜伽焰口千余信众开示：现实生活中，黄金很重要，但那是有形的；而每天生活中，心里光明也很重要，要期许自己精神生活的富足，心灵上的灯光亮起来，与佛相应。由慈惠法师台语翻译。

六月九日

• 前往宜兰佛光大学，受邀出席佛光大学一百学年度毕业典礼，以"与人为善、从善如流，各让一步、你我和谐，龙天护持、大众吉祥，曲折向前、方圆自在"三十二字勉励毕业生。

六月十日

• 前往"国父纪念馆"主持"二〇一二年传授甘露灌顶三皈五戒典礼"，并开示：皈依三宝不是皈依别人，是发扬自己内心的自性宝藏。现场近五千人参加。

• 受邀出席于"国父纪念馆"举办的"国际佛光会中华总会第七届第九次理监事暨督导会长联谊会议"，有中华总会荣誉总会长吴伯雄、总会长陈森胜、副总会长陈嘉隆及理监事、檀讲师、檀教师、督导长、监狱布教师、各区干部等二千人与会。

六月十四日

• "内政部"以宗教平等为由，预告拟修正取消由两百零七位"立委"签署提案通过的"法定佛诞节"，因而撰文《台湾容不下法定佛诞节？》，全文刊载于《旺报》、《人间福报》。

六月十六日

• 由公益信托星云大师教育基金、国际佛光会、远见·天下文化教育基金会于佛陀纪念馆大觉堂共同举办"第一届星云人文世界论坛"，以"看见改变的力量"为主题，邀请美国哈佛大学傅高义教授讲演"邓小平改变中国"；受邀发表专题"人间佛教改变人心",有财团法人台北论坛基金会董事长苏起及现场二千余人与会。

• 于佛陀纪念馆接受上海电视台第一财经频道《首席评论》节目主持人褚琳小姐采访,并表示:二〇一二年应该多一点"尊重包容",社会要和谐,人间要和平,应该要互相尊重,更加包容。

六月十七日

• 受邀为国际佛光会举办的"翰林学人联谊会"七百余人于佛光山开示,有美国首位华人医学院士王存玉博士与会。

六月十九日

• 于佛光山为欧洲法华寺建寺落成开示录影。

六月二十六日

• 受邀出席于佛陀纪念馆大觉堂举办的"二〇一一年三好校园实践学校期末报告暨颁奖典礼",有"教育部"训育委员会常务委员杨玉惠、第一届三好校园实践学校委员会主任委员佛光大学杨朝祥校长、大叶大学副校长陈明印、二十八所高中、国中、国小等三好学校校长及教师、信众一千五百人与会。

• 于佛陀纪念馆会见敦煌文化弘扬基金会甘肃敦煌研究院一行十七人,有敦煌研究院美术研究所所长侯黎明、敦煌文化弘扬基金会发起人王胤、敦煌文化弘扬基金会顾问许琪、琵琶演奏家贾培浩先生等人与会。

• 二十六日至二十八日于佛陀纪念馆、佛光山电视中心录影,讲述"佛陀纪念馆"。

六月三十日

• 于佛陀纪念馆会见"二〇一四台湾国际游艇展"国际媒体记者团一行二十五人,有美洲、欧洲、亚洲及大洋洲等十六个国家记者与会。

- 成立"佛光山农友会",于佛陀纪念馆大觉堂与农民乡亲近二千人讲话,有"行政院"政务委员杨秋兴、前"外交部长"田弘茂伉俪等人与会。

- 受邀出席于佛光山如来殿举行的"佛光山二〇一二年僧信教育联合毕业暨授证典礼",有《人间福报》社长符芝瑛、高雄市教育局郭金池副局长、"中国佛教研究院"、国际学部外语佛学系、丛林学院、东方佛教学院暨马来西亚东禅佛教学院、胜鬘书院、蔬食餐旅学苑以及马来西亚美学培训班等毕结业生与会。

七月一日

- 前往台中惠中寺主持"中区二〇一二年甘露灌顶三皈五戒典礼",共有二千余信众参加。

七月四日

- 受邀出席"二〇一二佛光杯大学女子篮球邀请赛"开幕仪式,并为赛事开球,有宜兰县长林聪贤、宜兰市长黄定和、佛光大学校长杨朝祥、三好体育协会会长赖维正、佛光会中华总会总会长陈森胜、远见·天下文化事业群创办人高希均、哈佛大学终身教授杜维明、财团法人天主教兰阳青年会创办人密克琳神父、北京大学、南京航空航天大学、南昌大学、大连理工大学、台湾师范大学、台北教育大学、台湾体育大学、佛光大学等两岸八支球队及现场近三千位观众与会。

- 受邀出席于佛陀纪念馆大觉堂举办的"第四届全台童军大会开幕典礼",有台湾童军团总会理事长暨"总统府"资政赵守博、副秘书长陈焕然、李锦胜、佛光童军团执行长李耀淳等,以及来自美国、加拿大等国家地区一千四百位佛光童军与会。

七月七日

- 于佛光山接受《环球人物》杂志采访,有总编辑刘爱成、张静之伉俪、编辑部副主任刘畅先生等人与会。采访内容刊于《环球人物》杂志第二十四期。

七月八日

- 受邀前往佛光大学出席"二〇一二佛光杯大学女子篮球邀请赛"闭幕仪式，有国际佛光会中华总会荣誉会长吴伯雄、体委会副主委钱薇娟、台湾篮球协会理事长丁守中、佛光大学校长杨朝祥、三好体育协会会长赖维正、北京大学、南京航空航天大学、南昌大学、大连理工大学、台湾师范大学、台北教育大学、台湾体育大学、佛光大学等两岸八支球队及现场近三千位观众与会。

七月九日

- 于佛光山会见"二〇一二年佛光杯大学女子篮球邀请赛"北京大学、南京航空航天大学、南昌大学、大连理工大学四队球员，有三好体育协会会长赖维正先生等人与会。

七月十一日

- 于佛光山为参加"佛光山第七十二期短期出家修道会"的一百位戒子开示。

七月十二日

- 因咳嗽不止，前往高雄长庚医院诊治。
- 于佛光山会见江苏宜兴市西渚镇党委书记唐其君、副书记钱靖率地方官员十八人。

七月十三日

- 于佛光山为参加"全台教师生命教育研习营"的教师与"国际佛光青年会议"的青年们讲话，表示：路在脚下，往前走才有前途，前途不靠别人赏赐，要自己去争取，做自己的贵人。由妙光法师英文翻译。

七月十四日

• 受邀出席于佛陀纪念馆本馆举办的"千年重光——山东青州龙兴寺佛教造像展"记者会,有中华文物交流协会副会长董保华、中国文物交流中心主任王军等相关人员、十二家台湾媒体、二家大陆媒体与会。

七月十九日

• 受邀出席于佛光山举办的"二〇一二国际青年生命禅学营"开营典礼,并为世界四十余个国家、五百所知名大学一千二百位青年开示。有南华大学陈森胜校长、南昌大学国学研究院副院长叶林祯、扬州大学团委副书记刘佳副教授、中国人民大学综合联络科陈姚、南京大学国际合作与交流处阳光、香港中文大学人间佛教研究中心学愚教授等人与会。

七月二十一日

• 前往辅仁大学,探视身体微恙的天主教单国玺枢机主教。

• 受邀出席于台北"国父纪念馆"举办的人间佛教读书会十周年庆"二〇一二名人谈读书"活动,与北京师范大学于丹教授及远见·天下文化事业群创办人高希均教授共同主讲"读书与读心",有二千人与会。

七月二十三日

• 于佛光山电视中心与北京师范大学于丹教授对谈录影。

• 于佛光山会见外交部前副部长武韬先生一行六十人,有中国民办教育协会名誉会长陶西平、著名书画家王成喜、中央电视台主持人陈铎等人与会。

七月二十五日

• 著作《人间佛教何处寻》由天下文化出版,并收录于天下文化编辑的《前进的思索》套书。

- 因上呼吸道感染,前往高雄长庚纪念医院检查,随后住院治疗,由院方发布新闻稿。

七月三十一日
- 以"云水书坊——行动图书馆"为主题,于佛光山电视中心接受《远见》杂志记者柯晓翔先生访问。采访内容刊于《远见》杂志九月号第三一五期。
- 于佛光山会见"行政院"政务委员黄光男等二人。
- 前往南华大学,出席南华大学校长交接仪式,由慧开法师接任陈淼胜校长为代理校长。

八月一日
- 前往均头中小学,出席校长交接典礼,亲临布达马惠娣校长就任并颁发聘书,有陈绸女士及现场近千人与会。

八月八日
- 于佛光山为"佛光山第七十三期短期出家修道会"近七百位戒子开示。

八月九日
- 于佛陀纪念馆会见海峡两岸关系协会副会长张铭清、《旺报》总主笔戎抚天先生。
- 于佛陀纪念馆会见"交通部"观光局长谢谓君、国家旅游局局长邵琪玮、两岸和平创富论坛海协会副会长张铭清先生及两岸观光相关业界代表近九十人。
- 会见大陆招商银行行长兼首席执行官马蔚华一行八人。

八月十一日
- 受高雄长庚纪念医院陈肇隆院长之邀,出席于高雄长庚纪念医院医学大楼举行的"庆祝肝脏移植一千例暨捐肝勇士颁奖典礼",有马英九先生、林口长庚纪念医院前院长张昭雄、杨秋兴政务委员、医疗团队以及捐肝者、受赠者近千人与会。

• 于佛陀纪念馆会见大陆商务部蒋耀平副部长一行二十五人,有政务委员杨秋兴等人与会。

• 于佛陀纪念馆为"云水书坊——行动图书馆二〇一二年义工联合招募讲习会"八百位义工开示。

八月十三日

• 于佛光山会见泰国法身寺国际部范淑智小姐及优婆夷女众管理委员会成员一行七人,有优婆夷女众管理委员会主任委员 Patcharin Charnchanayothin、优婆夷女众管理委员会主任助理 Karean Katechart、优婆夷女众管理委员会委员 Unchalee Kijtaveesin、Thaworn Khotphat、ThipapornSittiphochai、国际部成员 Shu Chih、法身寺厨房生产部总管 Sirichan Patibandit 等与会,由有方法师泰文翻译。

八月十四日

• 于佛光山会见早期工程团队萧顶顺、梁博志二人。

八月十五日

• 受邀前往高雄梦时代广场前观赏"会动的清明上河图",并接受媒体采访。

• 受邀于佛光山为"二〇一二年全台教师佛学夏令营"三百多位学员开示。

八月十六日

• 于佛光山会见广东南方广播电视传媒集团总裁张惠建等媒体主管一行二十一人,东森电视股份有限公司董事赵怡等人与会。

八月十七日

• 于佛陀纪念馆会见高雄检察总长陈聪明先生一行四人。

• 于佛陀纪念馆会见上海复旦 EMBA 总裁班,全国电子副董林忠和及企业董事长、总经理一行二十人,有"国策顾问"颜文熙伉俪与会。

八月十八日

- 于佛陀纪念馆会见台湾律师公会联合会刘宗欣理事长一行三十七人。

八月十九日

- 于佛陀纪念馆会见海南省文化交流团一行二十二人,有交流团团长作家韩少功、顾问海南省委宣传部常务副部长张松林、副团长《海南日报》社总经理廉振孝、中国书法家协会副主席吴东明、海南省台办主任顾问刘耿先生等人与会。

八月二十日

- 于佛光山会见高雄市政府观光局长许传盛先生二人。

八月二十二日

- 晚,接获好友天主教单国玺枢机主教病逝于耕莘医院讯息。于佛光山临时接受《联合报》王昭月小姐电话访问,表示:整个社会为单国玺枢机主教同流眼泪,因为他实在是社会的人间国宝。

- 于佛光山为参加《人间福报》"双园读报教育"教师营四十六人开示,有均头中小学马惠娣校长与会。

八月二十四日

- 著作《人海慈航:怎样知道有观世音菩萨》韩文译本出版,由赵银子小姐翻译,韩国云舟社出版。
- 于佛陀纪念馆会见"赣鄱文化台湾行活动"江西省省长鹿心社、副省长洪礼和、国台办交流局副局长王冰、省政府党组秘书长谭晓林、江西省宗教事务局党组书记谢秀琦一行含媒体近六十人。
- 于佛陀纪念馆会见江苏省公安厅厅长孙文德、江苏省南京市公安局副局长裴军一行十八人。

八月二十五日

• 于佛光山参加"二○一二年白象天马菁英论坛"三十五位佛光青年干部开示。

八月二十七日

• 于佛陀纪念馆会见第十四届海峡两岸行政法学学术研讨会近六十人,中国政法大学教授应松年、最高人民法院行政审判厅厅长赵大光先生等人与会。

八月二十九日

• 于佛陀纪念馆会见世界和平运动基金会副总干事郭绍成等一行四人。

• 于佛陀纪念馆会见长庚名誉院长黄国恩、国际生殖协会会长罗伯特·瑞巴(Robert W. Rebar)等一行七人。

八月三十一日

• 于佛光山会见安徽文化产业发展促进会名誉会长、安徽省委宣传部长曹征海等一行十八人,有安徽省委宣传部副部长车敦安、安徽省台办主任朱德祥、安徽省广播电影电视局马雷副局长等人与会。

九月

• 应"国史馆"之邀,口述历史《百年佛缘》全套四册由"国史馆"出版。

• 《金玉满堂》教科书第一套由佛光文化出版。

九月一日

• 出席于高雄道明中学道茂堂举办的天主教单国玺枢机主教生命告别礼,表示:希望单枢机主教有缘再来,我们曾经共同发愿,来生你在天主教里做个好主教,我也做个好和尚,两人继续宗教对话,为台湾祈福。有马英九先生、三千多名天主教教友与会。
- 于佛陀纪念馆会见南京市人民政府副市长郑泽光、南京市台办主任赵再飞、南京市政府办公厅七处处长韦建平等一行十人。
- 于佛陀纪念馆会见高雄市陈菊市长。
- 于佛陀纪念馆会见吕秀莲女士。

九月二日
- 佛陀纪念馆大觉堂演出唐美云歌仔戏《大愿千秋》,吴敦义先生莅临观赏,并与之会面,有"政务委员"杨秋兴、台南副市长颜纯左、《南方生活报》总编辑苏正国先生等人与会。

九月三日
- 于佛陀纪念馆大觉堂出席"二〇一二年佛光山海内外徒众讲习会"开幕典礼,有海内外徒众及佛学院学生近一千三百人与会。
- 于佛光山会见国家宗教事务局副局长张乐斌,及普陀山住持道慈法师一行三十六人,由净耀法师陪同,有国家宗教事务局人事司长俞滨、天津市宗教事务局副局长公冶国等人与会。
- 于佛光山云居楼为"二〇一二年佛光山海内外徒众讲习会"开示"人间佛教十问",有海内外徒众及佛学院学生近一千三百人与会。

九月四日
- 出席佛光山宗委会第八届第四次会员大会,第九届宗委会宗委选举,于如来殿四楼为大众开示:在佛教界,佛光山可说是第一个以投票方式,选举继任住持的民主化教团;选举过程一切只有佛法,只有大众,没有人我关系,诸佛菩萨可鉴。佛光山大众推选出第九届宗委:慧传、觉培、慧济、如常、慧让、觉居、妙士、妙凡、慧知法师;候补宗委:妙乐、觉元、妙莲、觉禹、慧屏;并由宗委推举出第九届宗委会主席慧济法师,有海内外徒众及佛学院学生近一千三百人与会。

九月五日

- 于佛光山电视中心为国际佛光会成立二十周年录影。
- 受邀为财团法人糖尿病关怀协会创会十五周年录影,于佛光山电视中心开录,有糖尿病关怀基金会副董事长徐正冠等人与会。

九月六日

- 于佛光山会见作家郭嗣汾先生等二人。

九月七日

- 受邀出席佛光山"二〇一二年供僧法会",吴敦义先生亲临与会,并题"星空灿烂,云彩飞扬;佛法长传,光照九洲"相赠。另有远见·天下文化事业群创办人高希均教授赠予"华人世界杰出贡献奖"。有佛光会中华总会荣誉总会长吴伯雄、中华总会总会长陈森胜、"政务委员"杨秋兴、"教育部"次长林聪明、嘉义市长黄敏惠、佛光大学荣誉顾问翁政义、现任校长杨朝祥、普门中学校长萧金荣、均头国中小校长马惠娣女士,以及全球海内外十余个国家地区、逾六千位僧信二众与会,由慈惠法师台语翻译。
- 于佛光山接受《人民日报》海外版港澳台部暨《港澳台周末》主编徐蕾女士采访。

九月八日

- 于佛光山主持传法典礼,接受山西大同法华寺万德法师为法子,开示:"临济法脉,遍传天下,今当付汝,汝要护持。"
- 于佛光山如来殿出席由佛光山主办、各宗教界联合发起的"宗教界缅怀单枢机主教国玺追思会",并表示:我和单枢机主教彼此建立一个思想,宗教不要对立,相互友好;虽然教主、教义各异,但是可以和谐相处,对人间苦难的人,不会划线区别,更可以多一份关怀。有单枢机主教胞妹单爱云、"政务委员"杨秋兴、高雄市副市长刘世芳及各宗教代表近三千人与会。

九月九日

- 于佛光山为"二〇一二年佛光山第十届佛光亲属会"介绍第九届新任宗委、候补宗委，并接心开示。有来自印度、新加坡、马来西亚、印尼、美国以及香港、大陆、台湾等海内外的佛门亲属近四千人与会。

九月十一日

- 应"第六届夏季达沃斯论坛"之邀，前往天津梅江会展中心主讲"信仰的价值"，成为该论坛创办四十二年来首度专题讲说的宗教人士，有国务院总理温家宝等七位国家元首和政府首脑、八十六个国家地区二千余人与会，由妙光法师英文翻译。

九月十三日

- 于佛光祖庭宜兴大觉寺会见江苏省宗教事务局局长莫宗通、无锡市宗教事务局吴涛副局长、宜兴市宗教事务局王立明局长一行十五人。

九月十六日

- 于佛光祖庭宜兴大觉寺会见宜兴市委书记王中苏、无锡市人民检察院朱维顺主任等三人。

九月十七日

- 海协会长陈云林率领"文化创意产业暨书画艺术交流团"一行九十人于佛陀纪念馆会面，有台湾海基会董事长江丙坤、海协会副会长王富卿、主任秘书黄英豪先生等人与会。

九月二十日

- 于佛陀纪念馆接受《旺报》社长黄清龙一行五人，就第六届"夏季达沃斯论坛"采访。采访内容刊登于九月二十九日《旺报》。

九月二十二日

- 于佛陀纪念馆会见大陆广播电视台代表团,广电总局国际合作司港澳台办副主任励彬、中国国际电视总公司副总裁赵刚先生等一行十五人。

- 于佛陀纪念馆会见杭州市经济文化交流访问团,浙江省人民政府咨询委员会副主任王国平一行十三人。

九月二十三日

- 于佛陀纪念馆为参加"二〇一二年佛馆健走·健康久久"活动与会人员开示。

- 受邀前往台中惠中寺出席佛光会"第七届第十次理监事暨督导会长联席会议"。"内政部"社会司资深专门委员江国仁先生,现场代表"内政部"颁发"优良社会团体奖"予国际佛光会中华总会,由总会长陈淼胜代表全体佛光会员接受,佛光会连续二十年获颁此奖。有国际佛光会世界总会秘书长慈容、副总会长陈嘉隆、北区协会会长赵翠慧、桃竹苗区协会会长张清川、中区协会会长戴登钟、南区协会会长郭铭群,以及台湾北、中、南、桃竹苗各分区协会会长、分区会干部、督导会长及全体理监事、檀教师、檀讲师、监狱布教师近二千人与会。

九月二十四日

- 受邀出席于义守大学体育馆举办的"二〇一二年三好杯亚洲职业男篮挑战赛"开幕典礼,并为首场球赛开球,有世界篮球协会永远荣誉会长程万琦、亚洲职业篮球总会副会长马爱英、台湾篮球协会理事长丁守中、台中璞园建筑团队董事长张晁魁、三好体育协会会长赖维正先生等人与会。

九月二十六日

- 出席于佛陀纪念馆大觉堂举办的"二〇一二年南台湾六县

市观光旅游发展座谈会"高雄场,有"交通部"观光局局长谢谓君、高雄市政府观光局副局长刘显惠等一百多人与会。

九月二十七日

- 受江苏省徐州市委书记曹新平之邀,至徐州博顿君廷大酒店讲演"幸福安乐之道",提出如何获得幸福安乐?可以分为四点:一、做己贵人;二、享有就好;三、给人接受;四、往好处想。有宝莲寺住持觉耀法师等近三百余人与会。

九月二十八日

- 受邀出席江苏徐州市宝莲寺落成开光典礼并致词。有徐州市委书记曹新平、市长朱民、江苏省宗教事务局莫宗通局长、江苏省佛教协会会长心澄和尚等千余人与会。

十月

- 《金玉满堂》教科书第二套由佛光文化出版。
- 著作《佛光山开山故事》由佛光文化出版。

十月一日

- 于佛光祖庭宜兴大觉寺会见宜兴紫砂雕塑大师陈建平伉俪一行四人,有西渚镇副书记钱靖女士与会。
- 于佛光祖庭宜兴大觉寺分别会见宜兴市委书记王中苏、江苏招商局局长李志浩主席、江苏省佛教协会副会长心澄法师、宜兴市妇联主席宗翡女士等人。
- 于佛光祖庭宜兴大觉寺与程恭让教授谈论"人间佛教"议题。

十月二日

- 于佛光祖庭宜兴大觉寺会见江苏建设厅厅长陈建平、云湖景区建设办公室主任金新华局长。

十月三日

- 于佛光祖庭宜兴大觉寺会见无锡市委副书记蒋洪亮先生一

行九人。

十月六日

• 受邀出席于佛陀纪念馆举行的"百画齐芳——百位画家画佛馆特展"记者会,有艺术家李奇茂、陈银辉、倪朝龙、梁丹丰、周澄等两百多位艺术家与会。

• 于佛光山为"佛光山二〇一二年第十四期菩萨义工研习营"一八〇位义工开示。

十月七日

• 于佛光山会见"一期一会二〇一二年佛光缘艺术家联谊会"二百多位艺术家。

• 于佛陀纪念馆会见南屏别院所邀请的高雄地区十一间宫庙十四尊神明及信众。

• 于佛陀纪念馆会见诗人愚溪、《普音》文化发行人杨枝梅女士、《新原人》季刊总编辑戴筱琴女士、作曲家卢亮辉先生等一行六人。

十月八日

• 于佛光山传灯楼为丛林学院男、女众学部学生十六人主持剃度典礼。

十月九日

• 应高雄长庚纪念医院院长陈肇隆之邀,于永庆纪念公园植下一株肉桂树,并说偈语:"地水火风四大种,树木花草好因缘;天地日月同生长,长庚医院庆太平"。

十月十一日

• 受邀出席于佛陀纪念馆大觉堂举办的"二〇一二国际佛光会世界会员代表大会"开幕典礼,适逢佛光会成立二十周年,发表主题演说"幸福与安乐",提出通往幸福安乐的四条道路:一、涵养知足淡泊的性格;二、拥有慈悲包容的心胸;三、学习提放自如的洒脱自在;四、圆满无私无我的人格。有吴敦义先生,国际佛光会中华总会荣誉总会长吴伯雄,佛光会世界总会副总会长余声清、翁诗杰,中华总会监事长赵丽云女士等五大洲近百个国家地区、近三千名代表与会,由妙光法师英文翻译。

十月十三日

• 受邀出席于佛陀纪念馆大觉堂举行的国际佛光会中华总会、公益信托星云大师教育基金与天下文化合办的"前进的思索"典范人物论坛。由远见·天下文化事业群发行人王力行主持,与《联合报》顾问张作锦、公益平台文化基金会董事长严长寿及中央大学认知神经科学研究所所长洪兰教授一同对谈,现场两千人与会。

• 于佛光山会见高雄长庚纪念医院董座追思纪念月活动"医务专科主任共识营",有高雄长庚纪念医院院长陈肇隆,副院长庄锦豪、张明永、林孟志等专科主任一行一百二十人与会,并应邀讲演"我对老病死生的看法"。

十月十七日

• 伦敦佛光山住持觉如法师,代为前往英国白金汉宫敬赠一笔字"仁政仁心"予英国女王伊丽莎白二世,恭贺女王登基六十年,由白金汉宫总书记克里斯托弗·桑德曼(Christopher Sandamas)先生代表女王接受。

十月二十一日

• 前往日本本栖寺主持日本地区"二〇一二年甘露灌顶千人三皈五戒法会",共有千人信众参加,由慈惠法师日文翻译。

十月二十三日

• 日本京都佛教大学举行创校百周年纪念庆典,亲题"百年吉庆"一笔字作为贺礼,由慈惠法师代表出席京都佛教大学鹰陵馆举行的庆祝典礼,并与佛教大学前理事长水谷幸正及现任校长山极伸之会面。

十月二十六日

- 于佛陀纪念馆会见海协会副会长郑立中先生等一行十人,有国台办交流局副局长王冰、"政务委员"杨秋兴等人与会。

十月二十七日

- 于佛陀纪念馆会见群马县涉川市长阿久津贞司、涉川伊香保温泉观光协会会长大森隆博等一行九人,由满润法师日文翻译。
- 于佛光山会见北京市政协副主席沈宝昌率领北京市中华文化艺术赴台考察团等一行十八人。

十月二十八日

- 于佛陀纪念馆会见江苏省扬州市市长朱民阳率领扬州市政府代表团一行九人,有扬州市委台办主任纪凯、扬州市政府秘书长何金发先生等人与会。

十一月一日

- 受邀出席于佛光山成佛大道前举办的佛光山云水书坊行动图书馆"二○一二年云水书车、云水护智车洒净典礼",并开示:云水书车,就是要像云那样流动,像水那样细涓川流,把书香满人间,让佛光法水普照。共有五十部云水书车、佛光山慈悲基金会八部云水护智车同时启动。

十一月二日

- 于佛陀纪念馆会见北京京剧院青年团迟小秋团长等一行四十人,并开示:中华传统的四维八德都展现在戏剧中,对保存中华文化、净化人民的心灵有很实际的功劳。台湾传统伦理协会陈孝中理事长与会。

十一月三日

- 受邀出席屏东县满洲乡佳乐水东海寺落成开光典礼，有青龙寺心田长老、东海寺住持圆照法师等近六百人与会。
- 于佛光山会见"ANHN第十届亚洲新人文联网"与会学者、佛光山创办四所大学校长等一行三十一人，并开示：这个世间我们每个人都要寻找自己，寻找我的心，能找到心，就能改变自己。有香港中文大学人文学科研究所所长熊秉真、成大文学院院长赖俊雄、厦门大学嘉庚学院副院长戴一峰等人与会。由妙友、妙光法师英文翻译。
- 于佛光山与台湾人间佛教读书会带领人近五百人开示：读书是自觉教育，读书是知识，读书更是智慧，终身读书是为了做人。

十一月四日

- 受邀出席于佛光山如来殿为"佛光山二〇一二年传授在家五戒菩萨戒会"二千位戒子开示。

十一月五日

- 受邀出席于佛光山举行的第七届第十三次南华大学董事会议。

十一月六日

- 为澳大利亚墨尔本尔有寺开光致词及南天大学第一届毕业生开示录影。
- 受邀前往南屏别院，向参加药师法会信众七百余位开示，为启建药师法会五十年纪念。

十一月七日

- 于佛陀纪念馆会见"中华人权协会"理事长苏友辰陪同苏建和、刘秉郎、庄林勋等三人。他们感谢十六年前至狱中探视并给予鼓励，为他们伸张正义，特地来山拜访。开示：爱、慈悲没有敌人，要用爱去面对过去的仇恨,发慈悲心做对世间有贡献的事。

十一月九日
- 前往台北大佳河滨公园出席"云水书车行动图书馆"剪彩授旗启动仪式,由"教育部长"蒋伟宁授旗,有"政务次长"林聪明、远见·天下文化教育基金会董事长高希均、圆神出版社董事长简志忠等人与会。

十一月十日
- 于佛陀纪念馆会见由远见·天下文化事业群主办的"第十届远见杂志华人企业领袖高峰会"与会大陆企业家三十九位。

十一月十一日
- 于佛光山会见全国政协委员刘大钧一行八人。

十一月十三日
- 会见中国宋庆龄基金会副主席齐鸣秋率领工作团队十三人。

十一月十四日
- 前往泰国于泰国曼谷蒙天河畔饭店会见世佛会荣誉秘书长帕洛普阖家,由妙光法师英文翻译。

十一月十六日
- 应邀出席于泰国曼谷蒙天河畔饭店举行的国际佛光会泰国协会主办之供僧法会,有九十四岁法宗派副僧王 Somdejpramahaweerawong、大宗派副僧王 Somdejphaphuttachinnawong 带领各寺住持与会应供,由妙慎法师泰文翻译。
- 出席于泰国曼谷蒙天河畔饭店举行的"泰国弘讲大会",有泰国一千两百位信众与会,由妙慎法师泰文翻译。
- 获澳门大学颁授荣誉人文学博士学位。因前往马来西亚弘法,该日不克出席,澳门大学表示择日前往佛光山颁赠。

十一月十七日

• 前往新加坡出席由新加坡佛光山主办的"星云大师传灯展"开幕典礼并致词,与新加坡副总理张志贤共同主持,有近三千名信众与会。

十一月十八日

• 于新加坡室内体育馆主持"二〇一二年三皈五戒暨为社会大众祈愿祝祷法会",有新加坡国家发展部长许文远出席,逾二千位民众皈依三宝与受持五戒,上万信众与会。

十一月十九日

• 出席新加坡佛光山与《新明日报》联办之"幸福与安乐——当代社会需要的法门"座谈会,由《新明日报》执行编辑朱志伟主持。有新加坡两位曾荣获"星云真善美新闻传播奖"的媒体人林任君、郭振羽及现场与台下听众数百人参加。

十一月二十日

• 前往马来西亚于吉隆坡机场贵宾室出席记者会,并表示:人生在世不一定要追求财富和名位,而佛教重视的是尊重和包容。有总理署部长丹斯里许子根博士、台北驻马来西亚经济文化办事处罗由中代表及各大媒体与会。

十一月二十二日

• 于马来西亚东禅寺大雄宝殿出席马来西亚东禅寺举办的"人间佛教座谈会——当代社会需要的人文关怀"交流会,由《星洲日报》副总编辑兼时评人郑丁贤主持。开示:大马多元社会与民族要团结,好比五根手指合起来就是一个拳头,族群之间要异中求同、同中存异,团结才更有力量。马来西亚马鲁里宣恩堂牧师王福、基督教信仰的大马著名女高音卓如燕、马来西亚画家李健省以及近百位马来西亚中文媒体、电视台、电台主管及记者与会。

- 于马来西亚东禅寺接受马来西亚 Astor 电视台、988 电台访问，并表示：要大马更好，就要多一点慈悲、多一点智慧、多一点正派、多一点勤劳、多一点道德，爱自己多一些。

十一月二十三日

- 前往马来西亚总理署拜会马来西亚总理纳吉布，并赠送一笔字"吉星高照"，由妙光法师英文翻译。

十一月二十四日

- 前往马来西亚雪兰莪莎亚南体育馆主持"二〇一二大马好星云大师五十年弘法回顾——三皈五戒暨为社会大众祈愿祝祷法会"，有四万名信众皈依，五千人受五戒，逾八万名信众与会。

十一月二十七日

- 佛陀纪念馆获颁第十三届"国家建筑金奖"文化教育类金狮奖，于台北"国军英雄馆"宴会厅举行颁奖典礼，有吴敦义先生、"立法院长"王金平、"行政院长"陈冲、国民党荣誉主席吴伯雄等人出席。

十二月一日

- 出席于佛陀纪念馆大觉堂举办的公益信托星云大师教育基金第四届"星云真善美新闻传播奖"暨第二届"全球华文文学星云奖"，并担任颁奖人。"新闻传播奖终身成就奖"由《联合报》副董事长刘昌平获得，"文学星云贡献奖"由诗人痖弦获得，现场两千人与会。
- 受邀出席吴荣赐"中国四大名著经典人物雕塑世界巡回展"开幕记者会，有台湾文学馆馆长李瑞腾、屏东科技大学校长古光源及教授谢义雄等人与会。

十二月二日

- 于佛陀纪念馆会见江苏省镇江市委书记张敬华率领的镇江

市考察团一行四十八人,有人大常委会党组书记张庆生、镇江市台办张明、金山寺方丈心澄大和尚等人与会。

十二月三日

• 于佛光山如来殿为参加"佛光山二〇一二年万缘水陆法会"的二千余位信徒开示:修行的人和不修行的人分别在哪里?不修行的人见境转心,有修行者心能转境。

十二月四日

• 于佛光山会见台湾慈航基金会承办的"世界佛教青年领袖高峰会",来自泰国、孟加拉、韩国、印度及台湾等国家地区佛教代表四十九人,由满和法师英文翻译。

十二月九日

• 出席由《旺报》、佛光山合办的"二〇一二年华文媒体高峰论坛",于佛陀纪念馆大觉堂主讲"媒体的社会责任"。有中央电视台、《上海文汇报》、《南方都市报》、《香港文汇报》、《亚洲周刊》、《新明日报》、凤凰网、海峡之声等大陆、台湾、香港和新加坡重量级媒体主管参加。

十二月十一日

• 于佛陀纪念馆会见新华通讯社副社长周树春率领的新华社新闻研究所所长雷中原、辽宁分社社长马义及海南分社社长王进业等一行八人,由《人间福报》社长符芝瑛陪同。

十二月十四日

• 于佛陀纪念馆会见公安部副部长陈智敏、公安部港澳台事务办公室副主任王刚等一行二十五人。

十二月十五日

• 受邀出席于佛光山如来殿举办的佛光会中华总会"二〇一二年会员代表大会暨第八届理监事会议选举授证颁奖典礼",并开示：人间佛教一定要从山林走进社会，从寺院走进家庭，从僧侣走到信众，从讲说走到服务。有中华总会荣誉总会长吴伯雄、中华总会副总会长丁守中、佛光会监事长赵丽云、理事长潘维刚及现场二千余人与会。

十二月十九日

• 于佛陀纪念馆会见日本群马县知事大泽正明等一行十三人，有片名观光协会仓田刚、群马县企划部部长反町敦、群马县产业经济部观光局局长安藤美喜夫、群马县议会副议长星野宽等人与会，由慈惠法师日文翻译。

十二月二十五日

• 于佛光山为连云港新晨药业公司带领的医疗界专家一百零五人开示："悟"是一个境界，不是知识所能了解；自己"悟"了，智慧就会增加，心中也多了一份慈悲，看待事物心态也会不同。有新晨药业总经理孙绪根、徐州医学院麻醉学院名誉院长曾因明等人与会。

• 受邀出席于佛陀纪念馆菩提广场举办的佛陀纪念馆落成周年庆系列活动——"佛陀纪念馆落成周年法会暨钟鼓楼启用典礼"，见证全台最大梵钟与植物纤维鼓正式于钟鼓楼启用。

十二月二十九日

• 受邀出席于佛陀纪念馆大觉堂举办的公益信托星云大师教育基金第一届"星云教育奖"，并担任颁奖人。有吴敦义先生，现任及历任"教育部长"蒋伟宁、杨朝祥、黄荣村、郑瑞城、吴清基，"政务次长"林聪明等人出席，现场近两千人与会。

• 受邀出席于佛陀纪念馆大觉堂举办的佛陀纪念馆落成周年庆系列活动——"为佛陀纪念馆发心者祈福法会暨功德主会"二十九号南区信众场、三十号北、中区信众场，并勉励大众要立足台湾,放眼全世界,希望大家继续为佛教发心奉献。由慈惠法师台语翻译,近四千位信众与会。

十二月三十一日

- 受邀出席于佛陀纪念馆大觉堂举办的佛陀纪念馆落成周年庆系列活动——"千家寺院回佛馆",有百家寺庙各诸山长老与信众两千人与会,由慈惠法师台语翻译。

二〇一三年

一月

- 著作《十种幸福之道——佛说妙慧童女经》由有鹿文化出版。

一月一日

- 受邀出席于佛陀纪念馆大觉堂举办的佛陀纪念馆落成周年庆系列活动——"菩提眷属祝福礼暨百年好合佛化婚礼"担任证婚人,由国际佛光会中华总会荣誉总会长吴伯雄担任主婚人,中华总会总会长赵丽云担任介绍人,共有五百对新人及菩提眷属与会,现场观礼近两千人。

- 受邀出席于佛陀纪念馆大觉堂举办的佛陀纪念馆落成周年庆系列活动——"梵音赞颂祈和平音乐会暨三好人家颁奖典礼",为三百户三好人家授证。

一月四日

- 受邀出席于佛陀纪念馆举办,由台北教育大学语文创作所主办,《创世纪》、《干坤》诗刊、喜菡文学网、《文讯》与大陆《读诗》、《译诗》、《评诗》、《诗歌EMS》周刊、佛光山佛陀纪念馆合办的"第八届两岸新诗新年峰会暨第四届天问年度诗人奖",并担任颁奖人,将"第四届天问年度诗人奖"赠予诗人路也(路也梅)、小海(涂海燕)二位得主。

一月六日

• 受邀出席于海南省博物馆举办，由佛光山佛光缘美术馆总部策展、海南省人民政府台湾事务办公室、佛光山文教基金会、海峡两岸文化交流联合会主办的"二〇一三年星云大师一笔字书法中国大陆巡回展"首展揭幕。有海南省委书记罗保铭、海南省委宣传部长许俊、省委台办主任刘耿等，海峡两岸关系协会会长陈云林、副会长王富卿，中央社会主义学院第一副院长叶小文，凤凰卫视行政总裁刘长乐等人与会。巡回展将于四月二十日至北京中国国家博物馆展览，成为首位于大陆国家博物馆巡回展览的出家人；并将陆续于山西、内蒙古、甘肃、西安、云南等博物馆展出。

• 受邀至海南省广播电视总台讲演"幸福与安乐"，并提出：一、做己贵人；二、享有就好；三、不要执着；四、给人接受。讲演后，与海南省文学艺术界联合会主席韩少功，以"幸福生活与中华文化的复兴"为题座谈，现场上千人与会。

一月七日

• 应创建博鳌禅寺的千博集团董事局主席、行政总裁蒋晓松邀请，至博鳌禅寺与博鳌禅寺首座常藏大和尚共同主法"两岸和平祈福法会"；并为赠送给博鳌禅寺的万佛塔玉佛开光、念诵偈语"博鳌玉佛今开光，人民幸福保安康；佛光普照大中华，世界和平庆吉祥"。法会圆满后，与蒋晓松等人在禅寺庭院，种下象征世界和平的"和平树"。

• 受邀出席于博鳌举办，由佛光山文教基金会、海南省人民政府台湾事务办公室、千博集团、海峡两岸文化交流联合会主办的"圆桌对话"。与千博集团董事局主席、行政总裁蒋晓松、海峡两岸文化交流联合会长张松林、海南省台办主任刘耿等多位文化人、企业家以"亚洲与文化"为题展开对话。呼吁博鳌成立"亚洲文化中心"，提倡和谐与开放，推动亚洲文化交流，让世界各国更认识亚洲，并亲笔写下"博鳌亚洲文化"六字墨宝。

一月九日

• 于佛光祖庭宜兴大觉寺会见有"中国巴菲特"之称的郭广昌。

一月十四日

• 出席由佛光大学承办的"一〇二年台湾大专校院校长会议"，并以佛光大学创办人身份致词，有马英九先生及全台大专院校校长与会。

一月二十一日

• 前往南华大学，出席"第六任校长林聪明博士就职典礼"。林聪明校长上任后将推动"崭新南华、奖优扶弱、追求卓越、迈向国际"政策，带领南华迈向卓越大学。有"教育部长"蒋伟宁及前任吴清基、杨朝祥，及远见‧天下文化事业群创办人高希均等人与会。

• 于佛光山传灯楼集会堂，出席澳门大学荣誉人文学博士学位颁授典礼，接受澳门大学校长赵伟博士代表校监崔世安博士（澳门特首）颁授荣誉人文学博士。有澳门大学校董会主席谢志伟、校董会第一副主席李沛霖、澳门大学副校长程海东、社会科学及人文学院院长郝雨凡、华中师范大学刘延申教授等一行十一人及佛光山大众五百余人与会。

一月二十六日

• 受邀出席于佛陀纪念馆举办的李自健"人性与爱"二十周年世界巡回特展。

二月五日

• 官方新浪微博 http://weibo.com/foguangyun、脸书（Facebook）

http://fb.me/hsingyundashi 同时开通。

二月二十五日

• 受邀和国民党荣誉主席连战率领的台湾代表团,于北京人民大会堂福建厅一同与中共总书记习近平先生会面,并推举为民间三名发言人之一,首位代表发言。现场有即将出任全国政协主席俞正声、中共中央政策研究室主任王沪宁、中央办公厅主任栗战书、国务委员戴秉国、国务院台湾事务办公室主任王毅、海峡两岸关系协会会长陈云林及副会长郑立中等人与会。

二月二十六日

• 受邀和国民党荣誉主席连战率领的台湾代表团,于北京人民大会堂福建厅一同与国家主席胡锦涛先生会面,成为史上同时会见中共总书记、国家主席的宗教界人士第一人。访问团成员包括国民党副主席蒋孝严、林丰正,三三会会长江丙坤,台湾教育大学系统总校长吴清基,"中央广播电台"董事长张荣恭,二十一世纪基金会董事长高育仁,鸿海集团董事长郭台铭等各界人士与会。

三月

• 著作《佛光祈愿文》简体字版有声书由东方出版社出版;《人间佛教语录》简体字版由上海文化出版社出版。

三月十二日

• 于佛光山如来殿出席主持"佛光山第九任住持晋山升座法会暨临济宗第四十九代传法大典"。见证第八任住持心培和尚交接予第九任住持心保和尚,并有慧传、慧伦、慧开、慧昭、慧峰法师担任副住持;同时传法予七十二名法子,包含台北市佛教会理事长明光法师、中华国际供佛斋僧功德会理事长净耀法师等。典礼有政府要员、马来西亚佛教青年总会、马来西亚总理署部长丹斯里许子根博士、新加坡国会议员杨木光等政要贺电祝贺,及高雄市第一副市长刘世芳,法鼓山住持果东法师,韩国、日本、泰国等宗教界代表,逾万名僧信二众与会。

三月三十日

• 应邀出席由凤凰卫视等十余家知名华文媒体共同举办的第七届"世界因你而美丽——影响世界华人盛典2012—2013"颁奖典礼,获颁"影响世界华人终身成就奖",由第九届、十届全国人大常委会副委员长许嘉璐,凤凰卫视董事局主席、行政总裁刘长乐先生共同颁发。

四月二日

• 口述历史《百年佛缘》增订本新书发布会于"国家图书馆"举行,有"教育部次长"黄碧端、高雄中山大学荣誉教授余光中、远见·天下文化事业群创办人高希均、"国家图书馆"馆长曾淑贤、"国史馆"馆长吕芳上、"行政院"政务委员黄光男、台湾文学馆馆长李瑞腾、作家林清玄、作家黄春明、艺术家李奇茂伉俪、艺术家梁丹丰、佛光山檀教师郑石岩、台大政治学系教授张亚中、国际佛光会中华总会总会长赵丽云、佛光大学校长杨朝祥、南华大学校长林聪明、圆神出版社董事长简志忠等五百余人与会;并同时于"国家图书馆"举办相关图像及书籍展览。

五月十六日

• 口述历史《百年佛缘》增订本由佛光山宗委会发行,佛光出版社出版,全套十六册、一百六十万字、一千六百张照片、四十八幅拉页。

星云大师著作编纂一览表

一、中文著作

【繁体中文】

一九五二年
- 五月　《观世音菩萨普门品讲话》/作者：森下大圆/译者：星云大师

一九五三年
- 七月　《无声息的歌唱》/一九五九年后，由佛光出版社出版
　　　《佛教的财富观》/佛教文摘读者印经会出版社

一九五四年
- 五月　《玉琳国师》/一九五九年后，由佛光出版社出版

一九五五年
- 八月　《释迦牟尼佛传》／一九五九年后，由佛光出版社出版

一九五九年
- 三月　《十大弟子传》／佛教文化服务处出版

一九六〇年
- 七月　《八大人觉经十讲》／佛教文化服务处出版

一九六四年
- 四月　《海天游踪》／佛教文化服务处出版

一九六五年
- 七月　《觉世论丛》／佛光出版社

一九六七年
- 三月　《海天游踪》／佛光出版社（再版）

一九七九年
- 三月　《星云大师讲演集（一）》／佛光出版社

一九八〇年
- 十月　《佛光山印度朝圣专辑》／佛光出版社

一九八二年
- 十一月《星云大师讲演集（二）》／佛光出版社

一九八四年
- 十月　《十大弟子传》（新版）／佛光出版社

一九八六年
- 三月　《佛光图影——佛光山做了些什么？》／佛光出版社

一九八七年
- 八月　《星云禅话（一）》／佛光出版社
　　　　《星云禅话（二）》／佛光出版社
　　　　《星云禅话（三）》／佛光出版社

星云大师著作编纂一览表

- 十月 《星云大师讲演集(三)》/佛光出版社

一九八八年
- 四月 《星云禅话(第一集)》/台视文化公司

一九八九年
- 一月 《星云禅话(四)》/佛光出版社
- 九月 《每日一偈(第一集)》/台视文化公司
  《每日一偈(第二集)》/台视文化公司
- 十月 《佛光普照》/福建莆田广化寺印

一九九〇年
- 二月 《每日一偈(第三集)》/台视文化公司
  《大师法语集1》/佛光出版社
- 四月 《每日一偈(第四集)》/台视文化公司

一九九一年
- 二月 《禅与人生:星云大师讲演选》/江苏古籍出版社
- 八月 《话缘录(一)》/巨龙文化
- 十二月《星云法语》/华视文化公司
  《星云大师讲演集(四)》/佛光出版社

一九九二年
- 二月 《清净琉璃:星云大师讲演集》/希代书版
  《梦琉璃:星云大师讲演集》/希代书版
- 三月 《因缘琉璃:星云大师讲演集》/希代书版
  《琉璃禅:星云大师讲演集》/希代书版
  《星云大师开示语》(一)/圆神出版社(曹又方编)
- 四月 《星云大师开示语》(二)/圆神出版社(曹又方编)
  《情爱琉璃:星云大师讲演集》/希代书版
  《红尘琉璃:星云大师讲演集》/希代书版

191

- 八月　《星云说偈(一)》/佛光出版社
　　　　《星云说偈(二)》/佛光出版社
　　　　《大千琉璃：星云大师讲演集》/希代书版
- 九月　《七色琉璃：星云大师讲演集》/希代书版
- 十月　《喜乐琉璃：星云大师讲演集》/希代书版
- 十一月《慈悲琉璃：星云大师讲演集》/希代书版
　　　　《星云百语》(选录)/佛光山宗委会
　　　　《话缘录(二)》/巨龙文化
- 十二月《星云禅话(第一集)》/吴修齐印赠
　　　　《星云禅话(第二集)》/吴修齐印赠

一九九三年

- 五月　《星云法语》(共二册)/佛光出版社
- 七月　《星云禅话》/联经出版
　　　　《星云禅话(第一辑)》/联经出版
- 九月　《星云百语(一)心甘情愿》/佛光出版社
- 十月　《真心不昧》/皇冠文学出版
　　　　《提起放下》/皇冠文学出版
　　　　《刹那不离》/皇冠文学出版
　　　　《云水随缘》/皇冠文学出版

一九九四年

- 一月　《星云日记1：安然自在》/佛光出版社
　　　　《星云日记2：创造全面的人生》/佛光出版社
　　　　《星云日记3：不负西来意》/佛光出版社
　　　　《星云日记4：凡事超然》/佛光出版社
- 二月　《红尘道场》/映象文化
- 三月　《星云日记5：人忙心不忙》/佛光出版社

《星云日记6：不请之友》/佛光出版社

《星云日记7：找出内心平衡点》/佛光出版社

《星云日记8：慈悲不是定点》/佛光出版社

- 四月 《星云日记9：观心自在》/佛光出版社

  《星云日记10：勤耕心田》/佛光出版社

  《星云日记11：菩萨情怀》/佛光出版社

  《星云日记12：处处无家处处家》/佛光出版社

- 五月 《星云日记13：法无定法》/佛光出版社

  《星云日记14 说忙说闲》/佛光出版社

  《星云日记15：缘满人间》/佛光出版社

  《星云日记16：禅的妙用》/佛光出版社

  《人间好时节》/音乐中国出版社(盒装附卡带)

- 六月 《星云日记17：不二法门》/佛光出版社

  《星云日记18：把心找回来》/佛光出版社

  《星云日记19：谈心接心》/佛光出版社

  《星云日记20：谈空说有》/佛光出版社

- 七月 《欢喜人间：星云日记精华本(上册)》/天下文化

  《欢喜人间：星云日记精华本(下册)》/天下文化

- 八月 《佛光缘·人间佛教》/佛光出版社

- 九月 《星云百语(二)皆大欢喜》/佛光出版社

- 十月 《星云禅话(第二辑)》/联经出版

一九九五年

- 二月 《星云大师谈人生》/皇冠文学出版

- 八月 《星云禅话(第三辑)》/联经出版

  《星云百语(三)老二哲学》/佛光出版社

- 十一月《观世音菩萨普门品讲话》二版/佛光文化(作者：森下大

圆/译者:星云大师)

一九九六年
- 六月 《石头路滑——星云禅话(一)》/佛光文化(改版)

 《没时间老星云禅话(二)》/佛光文化(改版)
- 八月 《星云大师法语——精华》/联经出版(禅如整理)
- 十一月《禅话禅画》/佛光文化(高尔泰、蒲小雨绘)
- 十二月《星云禅话(第四辑)》/联经出版

一九九七年
- 二月 《八大人觉经十讲》/佛教青年协会印
- 五月 《佛光世界(一)国际佛光会总会长的话》/佛光文化
- 八月 《星云日记21:慈悲是宝藏》/佛光文化

 《星云日记22:打开心门》/佛光文化

 《星云日记23:有愿必成》/佛光文化

 《星云日记24:收支平衡的人生》/佛光文化

 《星云日记25:感动的修行》/佛光文化

 《星云日记26:把握因缘》/佛光文化

 《星云日记27:真修行》/佛光文化

 《星云日记28:自在人生》/佛光文化

 《星云日记29:生活禅》/佛光文化

 《星云日记30:人生的马拉松》/佛光文化

 《星云日记31:守心转境》/佛光文化

 《星云日记32:求人不如求己》/佛光文化

 《星云日记33:享受空无》/佛光文化

 《星云日记34:领众之道》/佛光文化

 《星云日记35:说话的艺术》/佛光文化

 《星云日记36:学徒性格》/佛光文化

《星云日记37：善听》/佛光文化

《星云日记38：低下头》/佛光文化

《星云日记39：忙中修福慧》/佛光文化

《星云日记40：神通妙用》/佛光文化

《星云日记41：生死一如》/佛光文化

《星云日记42：检查心念》/佛光文化

《星云日记43：随喜功德》/佛光文化

《星云日记44：放光》/佛光文化

《有情有义——星云回忆录》/圆神出版社

《佛教丛书之七：仪制》/佛光出版社

- 九月　《一池落花两样情》/时报文化

　　　《感动的世界》/佛光出版社（笔记书）

- 十一月《八识讲话》/佛光山宗务委员会

一九九八年

- 三月　《金刚经讲话》/佛光文化

　　　《金刚经讲话》/香海文化

- 四月　《星云大师佛学精选》/明河社出版（香港）
- 六月　《佛光菜根谭》/佛光文化

　　　《佛光菜根谭：慈悲智慧忍耐》/佛光文化

　　　《佛光菜根谭：做人处事结缘》/佛光文化

　　　《佛光菜根谭：励志修行证悟》/佛光文化

　　　《佛光菜根谭：贪嗔感情是非》/佛光文化

　　　《佛光菜根谭：社会人群政治》/佛光文化

　　　《佛光菜根谭：教育教理教用》/佛光文化

　　　《佛光菜根谭（一）》/香海文化

- 七月　《佛光菜根谭（一）》/佛光文化

- 八月　《佛光菜根谭》/平安文化

　　　《禅诗偈语》/台视文化
- 九月　《星云大师慧心法语》/九歌出版(星云大师讲述/禅如整理)
- 十月　《生命的田园(一九九九年)》/畅通文化出版(日历书)
- 十一月《佛光菜根谭》/佛光文化(再版)

一九九九年
- 三月　《星云法师说禅》/台视文化

　　　《星云法师解禅》/台视文化

　　　《修剪生命的荒芜》/时报文化
- 四月　《中国佛教禅修入门》/智慧出版社
- 五月　《慈悲的智慧：星云大师的生命风华》/佛光文化(笔记书·三)
- 八月　《往事百语》/佛光文化
- 九月　《生活禅心：星云大师处世锦囊》/佛光文化(笔记书·四)

　　　《往事百语(一)心甘情愿》/佛光文化

　　　《往事百语(二)老二哲学》/佛光文化

　　　《往事百语(三)皆大欢喜》/佛光文化

　　　《往事百语(四)一半一半》/佛光文化

　　　《往事百语(五)永不退票》/佛光文化

　　　《往事百语(六)有情有义》/佛光文化
- 十月　《圆满人生——星云法语(一)》/佛光文化

　　　《成功人生——星云法语(二)》/佛光文化

二〇〇〇年
- 一月　《多少自在(一)》/香海文化(笔记书)

　　　《多少自在(二)》/香海文化(笔记书)

- 二月 《天光云影》/佛光文化(笔记书)
- 五月 《佛光菜根谭(二)》/香海文化
- 八月 《佛光祈愿文(上册):家庭伦理.勉励期许》/香海文化
  《佛光祈愿文(下册):社会职业.佛教法会》/香海文化
  《千江映月:星云说偈(一)》/佛光文化
  《庐山烟雨:星云说偈(二)》/佛光文化
- 九月 《六祖坛经讲话》/香海文化

二〇〇一年

- 一月 《改变一生的一句话(四)》/圆神出版社
- 三月 《迷悟之间(一)》/香海文化
- 四月 《当代人心的思潮》/佛光山澳大利亚南天寺
- 五月 《佛光祈愿文(上册)》谛听祈愿的声音/香海文化(袖珍版)
  《佛光祈愿文(下册)》谛听祈愿的声音/香海文化(袖珍版)
- 七月 《迷悟之间(二)》/香海文化

二〇〇二年

- 一月 《迷悟之间(三)》/香海文化
- 六月 《星云大师谈读书》/天下文化出版
  《星云大师谈处世》/天下文化出版
- 八月 《迷悟之间(四)》/香海文化
- 十二月《迷悟之间(五)——散播快乐》/香海文化

二〇〇三年

- 七月 《迷悟之间(六)赤子之心》/香海文化
- 九月 《星云与你谈心》/——印刻出版(星云口述/郑羽书笔记)

- 十一月《生命的点金石》(中英对 INK 照)/香海文化
- 十二月《星云大师谈智慧》/天下远见出版
  《星云大师谈幸福》/天下远见出版

二〇〇四年
- 四月　《佛光菜根谭(三)》/香海文化
- 九月　《与大师心灵对话》/圆神出版社
  《佛光菜根谭(四)》/香海文化
  《佛光菜根谭》(笔记书)
  《迷悟之间》(电子版)/香海文化
  《迷悟之间(一)真理的价值》/香海文化
  《迷悟之间(二)度一切苦厄》/香海文化
  《迷悟之间(三)无常的真理》/香海文化
  《迷悟之间(四)生命的密码》/香海文化
  《迷悟之间(五)人生加油站》/香海文化
  《迷悟之间(六)和自己竞赛》/香海文化
  《迷悟之间(七)生活的情趣》/香海文化
  《迷悟之间(八)福报哪里来》/香海文化
  《迷悟之间(九)高处不胜寒》/香海文化
  《迷悟之间(十)管理三部曲》/香海文化
  《迷悟之间(十一)成功的理念》/香海文化
  《迷悟之间(十二)生活的层次》/香海文化
  《佛光菜根谭1:宝典》(中英对照)/香海文化
  《佛光菜根谭2:自在》(中英对照)/香海文化
  《佛光菜根谭3:人和》(中英对照)/香海文化
  《佛光菜根谭4:生活》(中英对照)/香海文化
  《佛光菜根谭5:启示》(中英对照)/香海文化

　　　　　《佛光菜根谭6：教育》(中英对照)/香海文化
　　　　　《佛光菜根谭7：修行》(中英对照)/香海文化
　　　　　《佛光菜根谭8：励志》(中英对照)/香海文化
- 十月　《自觉与行佛》/国际佛光会中华总会(佛光读书会丛书)
- 十二月《禅门语录》/佛光出版社

二〇〇五年
- 二月　《觉有情：星云大师墨迹》(中英对照)/佛光山文教基金会
- 五月　《迷悟之间》PDA版/佛光山文教基金会
- 八月　《佛光教科书》电子版/佛光山文教基金会

二〇〇六年
- 一月　《人间佛教系列(一)：佛光与教团》(佛光篇)/香海文化
　　　　　《人间佛教系列(二)：人生与社会》(社会篇)/香海文化
　　　　　《人间佛教系列(三)：佛教与生活》(生活篇)/香海文化
　　　　　《人间佛教系列(四)：佛教与青年》(青年篇)/香海文化
　　　　　《人间佛教系列(五)：人间与实践》(慧解篇)/香海文化
　　　　　《人间佛教系列(六)：学佛与求法》(求法篇)/香海文化
　　　　　《人间佛教系列(七)：佛法与义理》(义理篇)/香海文化
　　　　　《人间佛教系列(八)：缘起与还灭》(生死篇)/香海文化
　　　　　《人间佛教系列(九)：禅宗与净土》(禅净篇)/香海文化
　　　　　《人间佛教系列(十)：宗教与体验》(修证篇)/香海文化
- 九月　《人间佛教系列》PC电子版/香海文化
- 十月　《当代人心思潮》/香海文化
- 十二月《人间佛教的戒定慧(上)：星云大师讲于香港红磡体育馆》/
　　　　　国际佛光会香港协会

《人间佛教的戒定慧(中):星云大师讲于香港红磡体育馆》/
国际佛光会香港协会
《人间佛教的戒定慧(下):星云大师讲于香港红磡体育馆》/
国际佛光会香港协会

二〇〇七年
- 一月　《当代人心思潮》(中英对照)/香海文化
- 三月　《佛光菜根谭(第一册)三际融通》珍藏版/香海文化
　　　《佛光菜根谭(第二册)十方圆满》珍藏版/香海文化
　　　《佛光菜根谭(第三册)大地清香》珍藏版/香海文化
　　　《佛光菜根谭(第四册)人间有味》珍藏版/香海文化
- 五月　《禅话禅画》(再版)/佛光文化(高尔泰、蒲小雨绘)
- 七月　《观世音菩萨普门品讲话》三版/佛光文化
　　　(作者:森下大圆/译者:星云大师)
- 九月　《星云法语(一)修行在人间》/香海文化
　　　《星云法语(二)生活的佛教》/香海文化
　　　《星云法语(三)身心的安住》/香海文化
　　　《星云法语(四)如何度难关》/香海文化
　　　《星云法语(五)人间有花香》/香海文化
　　　《星云法语(六)做人四原则》/香海文化
　　　《星云法语(七)人生的锦囊》/香海文化
　　　《星云法语(八)成功的条件》/香海文化
　　　《星云法语(九)挺胸的意味》/香海文化
　　　《星云法语(十)欢喜满人间》/香海文化
　　　《人间佛教的戒定慧》/香海文化

- 十二月《六祖坛经讲话》电子版/香海文化

二〇〇八年

- 三月　《人间佛教丛书(第一集):人间佛教论文集(上册)》/香海文化

　　　　《人间佛教丛书(第一集):人间佛教论文集(下册)》/香海文化

- 四月　《人间佛教丛书(第二集):人间佛教当代问题座谈会(上册)》/香海文化

　　　　《人间佛教丛书(第二集):人间佛教当代问题座谈会(中册)》/香海文化

　　　　《人间佛教丛书(第二集):人间佛教当代问题座谈会(下册)》/香海文化

　　　　《人间佛教丛书(第三集):人间佛教语录(上册)》/香海文化

　　　　《人间佛教丛书(第三集):人间佛教语录(中册)》/香海文化

　　　　《人间佛教丛书(第三集):人间佛教语录(下册)》/香海文化

　　　　《人间佛教丛书(第四集):人间佛教书信选》/香海文化

　　　　《人间佛教丛书(第四集):人间佛教序文选》/香海文化

- 十月　《合掌人生》/讲义堂出版

二〇〇九年

- 一月　《当大亨遇上大师:星云大师改变生命的八堂课》/麦田出版(星云大师、刘长乐合著)

- 三月　《人间万事(一)成就的条件》/香海文化

　　　　《人间万事(二)无形的可贵》/香海文化

《人间万事(三)豁达的人生》/香海文化
《人间万事(四)另类的艺术》/香海文化
《人间万事(五)向自己宣战》/香海文化
《人间万事(六)前途在哪里》/香海文化
《人间万事(七)一步一脚印》/香海文化
《人间万事(八)人间的能源》/香海文化
《人间万事(九)往好处去想》/香海文化
《人间万事(十)怎样活下去》/香海文化
《人间万事(十一)生命的拥有》/香海文化
《人间万事(十二)悟者的心境》/香海文化
- 十月　《绘本心经》/格林文化(图/朱里安诺)(中英对照)
　　　　《星云大师一笔字书法》/佛光缘美术馆总部
- 十二月《星云大师一笔字书法(一)》/佛光缘美术馆总部
　　　　《星云大师一笔字书法(二)》/佛光缘美术馆总部
　　　　《星云大师一笔字书法(三)》/佛光缘美术馆总部
　　　　《星云大师一笔字书法(四)》/佛光缘美术馆总部
　　　　《星云大师一笔字书法(五)》/佛光缘美术馆总部
　　　　《星云大师一笔字书法(六)》/佛光缘美术馆总部

二〇一〇年
- 一月　《星云大师一笔字书法(七)》/佛光缘美术馆总部
　　　　《星云大师一笔字书法(八)》/佛光缘美术馆总部
- 三月　《星云大师一笔字书法(九)》/佛光缘美术馆总部
　　　　《人间万事》电子版/香海文化
- 五月　《般若心经的生活观》/有鹿文化
　　　　《星云大师一笔字书法(十一)》/佛光缘美术馆总部
- 六月　《释迦牟尼佛传漫画版(上)》/佛光文化(林钜晴编绘)

- 七月 《无声息的歌唱》/香海文化(改版)
- 九月 《星云大师一笔字书法(十)》/佛光缘美术馆总部
  《星云大师一笔字书法(十二)》/佛光缘美术馆总部
  《星云大师一笔字书法(十三)》/佛光缘美术馆总部
  《环保与心保》/国际佛光会世界总会
- 十一月《成就的秘诀——金刚经》/有鹿文化
- 十二月《星云四书(一):星云大师谈读书》/天下远见出版
  《星云四书(二):星云大师谈处世》/天下远见出版
  《星云四书(三):星云大师谈幸福》/天下远见出版
  《星云四书(四):星云大师谈智慧》/天下远见出版

二○一一年

- 一月 《释迦牟尼佛传漫画版(下)》/佛光文化(林钜晴编绘)
  《星云大师一笔字书法(十四)》/佛光缘美术馆总部
- 三月 《合掌人生(一)在南京,我是母亲的听众》/香海文化
  《合掌人生(二)关键时刻》/香海文化
  《合掌人生(三)一笔字的因缘》/香海文化
  《合掌人生(四)饥饿》/香海文化
- 五月 《云水天下——星云大师一笔字书法》(特辑)/国立历史博物馆出版
  《云水天下——星云大师一笔字书法》(特辑)/佛光缘美术馆总部
- 六月 《人海慈航:怎样知道有观世音菩萨》/有鹿文化
  《往事百语(一)》有佛法就有办法/香海文化(附CD)
  《往事百语(二)》这是勇者的世界/香海文化(附CD)
  《往事百语(三)》满树桃花一棵根/香海文化(附CD)
  《往事百语(四)》没有待遇的工作/香海文化(附CD)

　　　　　《往事百语（五）》有理想才有实践/香海文化(附 CD)
- 十二月《美满因缘》/国际佛光会中华总会

二〇一二年
- 四月　《僧事百讲(第一册)丛林制度》/佛光文化(全册附电子光碟）

　　　　《僧事百讲(第二册)出家戒法》/佛光文化

　　　　《僧事百讲(第三册)道场行事》/佛光文化

　　　　《僧事百讲(第四册)集会共修》/佛光文化

　　　　《僧事百讲(第五册)组织管理》/佛光文化

　　　　《僧事百讲(第六册)佛教推展》/佛光文化
- 七月　《人间佛教何处寻》/天下远见出版
- 九月　《百年佛缘(一)行佛之间》/"国史馆"

　　　　《百年佛缘(二)社缘之间》/"国史馆"

　　　　《百年佛缘(三)文教之间》/"国史馆"

　　　　《百年佛缘(四)僧信之间》/"国史馆"
- 十月　《佛光山开山故事：荒山化为宝殿的传奇》/佛光文化

　　　　《人间佛教法要》国际佛光会世界大会主题演说(1992～2012)/国际佛光会世界总会发行

二〇一三年
- 一月　《十种幸福之道——佛说妙慧童女经》/有鹿文化
- 五月　《百年佛缘01：生活篇一》(增订版)/佛光出版社

　　　　《百年佛缘02：生活篇二》(增订版)/佛光出版社

　　　　《百年佛缘03：社缘篇一》(增订版)/佛光出版社

　　　　《百年佛缘04：社缘篇二》(增订版)/佛光出版社

　　　　《百年佛缘05：文教篇一》(增订版)/佛光出版社

　　　　《百年佛缘06：文教篇二》(增订版)/佛光出版社

《百年佛缘07：僧信篇一》(增订版)/佛光出版社
《百年佛缘08：僧信篇二》(增订版)/佛光出版社
《百年佛缘09：道场篇一》(增订版)/佛光出版社
《百年佛缘10：道场篇二》(增订版)/佛光出版社
《百年佛缘11：行佛篇一》(增订版)/佛光出版社
《百年佛缘12：行佛篇二》(增订版)/佛光出版社
《百年佛缘13：新春告白一》(增订版)/佛光出版社
《百年佛缘14：新春告白二》(增订版)/佛光出版社
《百年佛缘15：别册》(增订版)/佛光出版社
《百年佛缘16：名家看百年佛缘》(增订版)/佛光出版社

其他书籍

- 《写给会员大众的二十封信》/佛光出版社
- 《怎样做个佛光人》/佛光出版社
- 《六祖大师法宝坛经》(星云大师修订)/佛光出版社
- 《大乘妙法莲华经：星云大师佛经讲座教材》/佛光出版社(佛光山台北别院普门寺印行)
- 《阿含经选讲》/佛光出版社(国际佛光会中华总会)
- 《阿含经选要(二)》/佛光出版社(国际佛光会中华总会)
- 《大专佛学教材：佛光山大专佛学夏令营第二期》
- 《无怨无悔》净心丛书/财团法人净心文教基金会.印经组倡印

【简体中文】

一九九八年

- 五月《八识讲话》(中英对照)/国际佛光会新加坡协会

一九九九年

- 二月《释迦牟尼佛传》/马佛青总会佛教文摘出版社
- 十月《智慧人生隽语》/香积世界印赠(深圳)

二〇〇四年
- 九月《心灵的曙光》——迷悟之间简体字版(一)/马佛光文化

二〇〇五年
- 七月《一池落花两样情》/佛陀弟子倡印
- 九月《自在的人生》——迷悟之间简体字版(二)/马佛光文化

二〇〇六年
- 一月　《迷悟之间(一)真理的价值》/宗教文化出版社
　　　　《迷悟之间(二)度一切苦厄》/宗教文化出版社
　　　　《迷悟之间(三)无常的真理》/宗教文化出版社
　　　　《迷悟之间(四)生命的密码》/宗教文化出版社
　　　　《迷悟之间(五)人生加油站》/宗教文化出版社
　　　　《迷悟之间(六)和自己竞赛》/宗教文化出版社
　　　　《迷悟之间(七)生活的情趣》/宗教文化出版社
　　　　《迷悟之间(八)福报哪里来》/宗教文化出版社
　　　　《迷悟之间(九)高处不胜寒》/宗教文化出版社
　　　　《迷悟之间(十)管理三部曲》/宗教文化出版社
　　　　《迷悟之间(十一)成功的理念》/宗教文化出版社
　　　　《迷悟之间(十二)生活的层次》/宗教文化出版社
- 四月　《如何建设和谐的社会(合辑)》/佛光山文教基金会
- 八月　《美丽的世界》——迷悟之间简体字版(三)/马佛光文化
- 十二月《云水日月》/北京十月文艺出版社

二〇〇七年
- 三月　《日日是好日》——迷悟之间简体字版(四)/马佛光文化
- 五月　《佛光菜根谭》/现代出版社
- 七月　《星云禅话(一)》/现代出版社
　　　　《星云禅话(二)》/现代出版社

- 八月　《观世音菩萨普门品讲话》/马佛光文化
- 九月　《提得起.放得下》——迷悟之间简体字版(五)/马佛光文化
- 十月　《星云说偈(一)》/现代出版社
　　　《星云法语(一)》/现代出版社

二〇〇八年

- 一月　《包容的智慧》/湖北人民出版社
- 二月　《人生加油站》——迷悟之间简体字版(六)/马佛光文化
- 四月　《往事百语(一):一句话影响一生》/现代出版社
　　　《往事百语(二):一句话影响一生》/现代出版社
　　　《往事百语(三):一句话影响一生》/现代出版社
　　　《佛学教科书1:佛教义理》/上海辞书出版社
　　　《佛学教科书2:佛·法·僧》/上海辞书出版社
　　　《佛学教科书3:佛教·世俗》/上海辞书出版社
　　　《佛学教科书4:佛教常识》/上海辞书出版社
　　　《佛学教科书5:佛教历史》/上海辞书出版社
- 五月　《积极的人生观》——迷悟之间简体字版(七)/马佛光文化
　　　《释迦牟尼佛传》/马佛光文化
- 六月　《人间佛教的戒定慧》/马佛光文化
- 八月　《星云大师谈智慧》/上海人民出版社
　　　《星云大师谈幸福》/上海人民出版社
　　　《星云大师谈处世》/上海人民出版社
　　　《星云大师谈读书》/上海人民出版社
- 九月　《六祖坛经讲话》/新世界出版社
　　　《金刚经讲话》/新世界出版社

《佛陀真言(上)：星云大师谈当代问题》/上海辞书出版社

《佛陀真言(中)：星云大师谈当代问题》/上海辞书出版社

《佛陀真言(下)：星云大师谈当代问题》/上海辞书出版社

- 十月 《创造生命力》——迷悟之间简体字版(八)/马佛光文化

    《成功的理念》——迷悟之间简体字版(九)/马佛光文化
- 十二月《人间佛教书系1：佛教与人生》/上海辞书出版社

    《人间佛教书系2：佛法与义理》/上海辞书出版社

    《人间佛教书系3：生死与解脱》/上海辞书出版社

    《人间佛教书系4：宗教与体验》/上海辞书出版社

    《人间佛教书系5：学佛与求法》/上海辞书出版社

    《人间佛教书系6：人间与实践》/上海辞书出版社

    《人间佛教书系7：佛教与社会》/上海辞书出版社

    《人间佛教书系8：禅学与净土》/上海辞书出版社

二〇〇九年

- 一月 《如何安住身心》/上海书店出版社

    《另类的财富》/上海书店出版社

    《禅师的米粒》/上海人民出版社

    《点亮心灯的善缘》/上海人民出版社

    《定不在境》/上海人民出版社
- 四月 《修剪生命的荒芜》/上海人民出版社

    《留一只眼睛看自己》/上海人民出版社

    《爱语的力量》/上海人民出版社

    《举重若轻——星云大师谈人生》/浙江人民出版社

- 五月 《未来的男女》/上海书店出版社
  《三八二十三》/上海书店出版社
- 六月 《风轻云淡——星云大师谈禅净》/浙江人民出版社
  《宽心——星云大师的人生幸福课》/江苏文艺出版社
- 七月 《一是多少》/上海书店出版社
  《学历与学力》/上海书店出版社
  《人生的阶梯》/上海人民出版社
  《宽容的价值》/上海人民出版社
  《苹果上的肖像》/上海人民出版社
  《舍得的艺术》/上海人民出版社
- 八月 《人情面面观》——迷悟之间简体字版（十）/马佛光文化
- 九月 《心领神悟——星云大师谈佛学》/浙江人民出版社
  《人间万事》套书/马佛光文化
- 十月 《不如归去》/上海书店出版社
  《低调才好》/上海书店出版社
  《快不得》/上海书店出版社
  《"一点"就好》/上海书店出版社
- 十一月《打开心的门窗》——迷悟之间简体字版（十一）/马佛光文化
  《生活的情趣》——迷悟之间简体字版（十二）/马佛光文化
- 十二月《舍得——星云大师的人生经营课》/江苏文艺出版社

二〇一〇年

- 三月 《在入世与出世之间——星云大师人间佛教文集（上）》/上海人民出版社
  《在入世与出世之间——星云大师人间佛教文集（下）》/

上海人民出版社
- 四月 《自在：人生哲学——迷悟之间》/中华书局

  《应变：生存之道——迷悟之间》/中华书局

  《放下：快乐之道——迷悟之间》/中华书局

  《结缘：幸福箴言——迷悟之间》/中华书局
- 五月 《般若：心灵处方——迷悟之间》/中华书局

  《善行：人生规划——迷悟之间》/中华书局

  《欢喜：处事秘笈——迷悟之间》/中华书局

  《豁达：做人之道——迷悟之间》/中华书局

  《释迦牟尼佛传》——二〇一〇年最新修订版/上海锦绣文章出版社

  《星云大师一笔字书法》（特辑）/北京：文化艺术出版社
- 六月 《远见：管理诀窍——迷悟之间》/中华书局出版社

  《感恩：生活之道——迷悟之间》/中华书局出版社

  《勇气：成功之道——迷悟之间》/中华书局出版社

  《喜舍：智慧之法——迷悟之间》/中华书局出版社
- 七月 《玉琳国师传》/上海锦绣文章出版社
- 八月 《佛光菜根谭：真自在》珍藏版/现代出版社

  《佛光菜根谭：要放下》珍藏版/现代出版社

  《佛光菜根谭：耐得烦》珍藏版/现代出版社

  《吃茶去——与星云大师一起参禅》/现代出版社

  《厚道——星云大师的人生成功课》/江苏文艺出版社

  《星云大师〈心经〉五讲》（中英对照）/上海人民出版社

  《十大弟子传》/上海锦绣文章出版
- 九月 《不急不急——星云大师说人生的坚持》/现代出版社

  《说好做好——星云大师说成事的器度》/现代出版社

一生勤于笔耕，所著颇丰，被翻译成二十多种语言流通海

内外（慧延法师摄，二〇一三年一月二十五日）

我的著作

　　我这辈子,撰有《释迦牟尼佛传》、《星云日记》、《佛光菜根谭》、《六祖坛经讲话》、《往事百语》、《佛光祈愿文》、《迷悟之间》、《星云法语》、《人间万事》、《当代人心思潮》、《人间佛教当代问题座谈会》、"人间佛教"系列、《人间佛教语录》、《人间佛教论文集》、《僧事百讲》、《百年佛缘》等书,超过二千万言,并被译成英、德、法、日、韩、西、葡等二十多种语言,流通世界各地。

- 十月　《修好这颗心——包容的智慧 II》/江苏文艺出版社
　　　　《满手的好事——星云大师的人生锦囊》/现代出版社
　　　　《不碍事——星云大师讲佛诗中的智慧》/现代出版社
- 十二月《安住我身——星云大师序文集》/上海人民出版社
　　　　《心灵的探险——星云大师序文集》/上海人民出版社
　　　　《来去一如——星云大师书信集》/上海人民出版社
　　　　《规矩的修行——星云大师书信集》/上海人民出版社

二○一一年

- 一月　《合掌人生》/江苏文艺出版社
　　　　《觉悟的生活——星云大师讲〈心经〉》/湖南文艺出版社
- 二月　《好人好天》书＋CD/马佛光文化
　　　　《释迦牟尼佛传漫画版》上/马佛光文化
　　　　《释迦牟尼佛传漫画版》下/马佛光文化
- 三月　《366 天与大师相会》/马佛光文化
　　　　《星云大师点智慧》/新加坡报业控股/新明日报
- 五月　《星云大师一笔字书法（特辑）》/文化艺术出版社
- 六月　《释迦牟尼佛传（漫画版）》/上海文化出版社
- 七月　《安心——星云禅话》禅画本/江苏文艺出版社
　　　　《星云大师人生修炼丛书》十册套书/上海人民出版社
- 八月　《星云大师对你说——一次拥有十五堂无价的幸福人生课》/上海文化出版社
- 十月　《人海慈航：怎样知道有观世音菩萨》/马佛光文化
- 十一月《星云禅语（第一辑）》/上海文化出版社（星云大师讲述/禅如居士整理）
　　　　《星云禅语（第二辑）》/上海文化出版社（星云大师讲述/禅如居士整理）

二〇一二年
- 一月 《以忍为力》/上海人民出版社

  《大其心——星云大师谈处世和读书》/上海人民出版社

  《生存道——星云大师谈智慧和幸福》/上海人民出版社

  《一念间》/上海人民出版社

  《观自在》/上海人民出版社

  《尘缘悟》/上海人民出版社

  《智慧心》/上海人民出版社

  《星云大师谈幸福》/马佛光文化

  《合掌人生——道情法爱》/马佛光文化

  《合掌人生——向佛陀诉说》/马佛光文化
- 三月 《无声息的歌唱》/中华书局

  《福报》/线装书局

  《星云日记(一):安然自在》/岳麓书社

  《星云日记(二):创造全面的人生》/岳麓书社

  《星云日记(三):不负西来意》/岳麓书社

  《星云日记(四):凡事超然》/岳麓书社

  《星云日记(五):人忙心不忙》/岳麓书社

  《星云日记(六):不请之友》/岳麓书社

  《星云日记(七):找出内心平衡点》/岳麓书社

  《星云日记(八):慈悲不是定点》/岳麓书社

  《星云日记(九):观心自在》/岳麓书社

  《星云日记(十):勤耕心田》/岳麓书社

  《星云日记(十一):菩萨情怀》/岳麓书社

  《星云日记(十二):处处无家处处家》/岳麓书社

  《星云日记(十三):法无定法》/岳麓书社

　　　　《星云日记（十四）：说忙说闲》/岳麓书社
　　　　《星云日记（十五）：缘满人间》/岳麓书社
- 五月　《觉悟》/线装书局
- 六月　《这世界无处不美》/广东出版集团花城出版社

二○一三年
- 三月　《佛光祈愿文》书＋CD/人民东方出版社
　　　　《人间佛教语录》一套六册（新版）/上海文化出版社

二、编纂・总监修・审订・总策划

一九八三年
- 八月　《佛光大藏经・阿含藏》共十七册/佛光出版社（监修）

一九八八年
- 十月　《佛光大辞典》共八册/佛光出版社（监修）
　　　　一九八九年新闻局颁予"图书类金鼎奖"

一九九四年
- 十二月《佛光大藏经・禅藏》共五十一册/佛光出版社（监修）

一九九五年
- 五月　《佛光大藏经・净土藏》共三十三册/佛光出版社（监修）
　　　　《佛光学》/佛光文化・讲义本（编著）
- 九月　《佛教丛书之一：教理》/佛光出版社（编著）
　　　　《佛教丛书之二：经典》/佛光出版社（编著）
- 十月　《佛教丛书之三：佛陀》/佛光出版社（编著）
- 十一月《佛教丛书之九：艺文》/佛光出版社（编著）
- 十二月《佛教丛书之十：人间佛教》/佛光出版社（编著）

一九九七年
- 五月　《佛光大藏经・般若藏》共四十二册/佛光出版社（监修）

- 十月　《佛教丛书之四：弟子》/佛光出版社（编著）
　　　　《佛教丛书之五：教史》/佛光出版社（编著）
- 十二月《佛教丛书之六：宗派》/佛光出版社（编著）
　　　　《佛教丛书之八：教用》/佛光出版社（编著）

一九九七年四月～一九九八年二月
- 《中国佛教经典宝藏精选白话版》共一三二册/佛光文化（总监修）

一九九九年
- 十月　《佛光教科书1：佛法僧三宝》/佛光文化（编著）
　　　　《佛光教科书2：佛教的真理》/佛光文化（编著）
　　　　《佛光教科书3：菩萨行证》/佛光文化（编著）
　　　　《佛光教科书4：佛教史》/佛光文化（编著）
　　　　《佛光教科书5：宗派概论》/佛光文化（编著）
　　　　《佛光教科书6：实用佛教》/佛光文化（编著）
　　　　《佛光教科书7：佛教常识》/佛光文化（编著）
　　　　《佛光教科书8：佛教与世学》/佛光文化（编著）
　　　　《佛光教科书9：佛教问题探讨》/佛光文化（编著）
　　　　《佛光教科书10：宗教概说》/佛光文化（编著）
　　　　《佛光教科书11：佛光学》/佛光文化（编著）
　　　　《佛光教科书12：佛教作品选录》/佛光文化（编著）

二〇〇六年
- 七月　《书香味（一）：在字句里呼吸》/香海文化（总编辑）
　　　　《书香味（二）：穿越生命的长河》/香海文化（总编辑）
　　　　《书香味（三）：听星子在歌唱》/香海文化（总编辑）
　　　　《书香味（四）：波光里的梦影》/香海文化（师总编辑）
　　　　《书香味（五）：世界向我走来》/香海文化（总编辑）
　　　　《书香味（六）：不倒翁的岁月》/香海文化（总编辑）

《书香味(七):那去过的过去》/香海文化(总编辑)
《书香味(八):天地与我并生》/香海文化(总编辑)
《书香味(九):人间不湮不漫》/香海文化(总编辑)
《书香味(十):我有明珠一颗》/香海文化(总编辑)

二〇〇九年
- 四月 《佛光大藏经·法华藏》共五十五册/佛光出版社(监修)

二〇〇一年一月至二〇〇四年七月
- 《法藏文库》共一一〇册/佛光山文教基金会(监修)

二〇一一年
- 十二月《人间佛国》/天下文化(审订)

二〇一二年
- 九月 《金玉满堂·教科书1:佛光菜根谭》共十册/佛光文化(总策划)
- 十月 《金玉满堂·教科书2:星云说偈》共十册/佛光文化(总策划)
- 十一月《金玉满堂·教科书3:人间万事》共十册/佛光文化(总策划)

二〇一三年
- 四月《金玉满堂·教科书4:佛光山名家百人碑墙》共十册/佛光文化(总策划)
- 五月 《金玉满堂·教科书5:星云法语》共十册/佛光文化(总策划)

三、影音类

一九九七年
- 《有情有义:星云回忆录》录音带(二十卷)/圆神出版社

二○○○年
- 《六祖坛经偈颂》VCD(六片装)/佛光卫视
- 九月　《六祖坛经讲话(四册之一)》/香海文化
　　　　《六祖坛经讲话(四册之二)》/香海文化
　　　　《六祖坛经讲话(四册之三)》/香海文化
　　　　《六祖坛经讲话(四册之四)》/香海文化

二○○一年
- 五月　《佛光祈愿文》书含十二片/香海文化
　　　　《恭迎佛牙纪念专辑》(祝愿祈CD祷)录音带/如是我闻
　　　　《八识讲话》(五卷)有声书/国际佛光会中华总会
　　　　《大宝积经》(六卷)录音带/国际佛光会中华总会
　　　　《阿含经》(六卷)录音带/佛光文化
　　　　《心经》(十六卷)录音带/佛光文化
　　　　《金刚经的理论与实践》(五盒十卷)录音带/佛光文化
　　　　《金刚经的理论与实践》(五卷)录影带/佛光文化
　　　　《法华经大义》(六卷)录音带/佛光文化
　　　　《维摩经大意》(六卷)录音带/佛光文化
　　　　《阿含经选讲》录音带/国际佛光会中华总会
　　　　《维摩其人及不可思议》(二卷)录音带/佛光文化
　　　　《菩萨的病和圣者的心》(二卷)录音带/佛光文化
　　　　《天女散花与香积佛饭》(二卷)录音带/佛光文化
　　　　《不二法门的座谈会》(二卷)录音带/佛光文化
　　　　《人间净土的内容》(二卷)录音带/佛光文化
　　　　《金刚经》(二十六卷)录音带/佛光文化
　　　　《六祖坛经》(三十卷)录音带/佛光文化
　　　　《金刚般若波罗蜜经义解》录音带/佛光文化

《八大人觉经》(二卷)录音带/佛光文化
《四十二章经》(二卷)录音带/佛光文化
《佛遗教经》(二卷)录音带/佛光文化
《阿含经》(七卷)录音带/佛光文化
《般若波罗蜜多心经》(三卷)录音带/国际佛光会中华总会
《佛教的人我之道》(二卷)录音带/佛光文化
《佛教的福寿之道》(二卷)录音带/佛光文化
《把心找回来》录音带/佛光文化
《般若与人生》(三卷)录音带/佛光文化
《净化心灵之道》(二卷)录音带/佛光文化
《佛光会的理想与目标》(上、下卷)录音带/国际佛光会世界总会
《佛光三昧修行法讲解》录音带/国际佛光会世界总会
《佛教的真理是什么》(一二卷)录音带/佛光文化
《佛教的致富之道》(二卷)录音带/佛光文化
《观音法门》(二卷)录音带/佛光文化
《佛法之外/十数佛法》(四卷)录音带/佛光文化
《二十一世纪的讯息》(二卷)录音带/佛光文化
《尊重与包容》录音带(慈容法师台语翻译)/国际佛光会
《尊重与包容》录音带(满学法师英语翻译)/国际佛光会
《极乐世界与念佛法门》录音带/佛光文化
《谈迷说悟》录音带/佛光文化
《佛教对知见的看法》录音带/佛光文化
《禅道与禅法》录音带/佛光文化
《佛教青年的生涯规划——1996青年干部研习营》录音

带／国际佛光会

《同体与共生》录音带/国际佛光会

《谈你说我》录音带/佛光文化

《从人的过去/现在到未来》录音带/佛光文化

《人间佛教人情味》录音带/国际佛光会

《教人我之道》(上、下)录音带/佛光文化

《佛教长寿之道》(上、下)录音带/佛光文化

《佛教致富之道》(上、下)录音带/佛光文化

《净修法门》(上、下)录音带/佛光文化

《禅修法门》(上、下)录音带/佛光文化

《星云说偈(上、下)》录音带/佛光文化

《欢喜与融和》录音带/国际佛光会

《皈依三宝前的座谈会》录音带/佛光文化

《星云大师十修歌》录音带/佛光文化

《星云禅话》(三十六卷)录音带/佛光文化

《伟大的佛陀》(三盒六卷)录音带/佛光文化

《禅净律三修法门》(三盒六卷)录音带/佛光文化

《禅与生活》录音带/佛光文化

《如何美化人生》录音带/佛光文化

《论鬼的形象》录音带/佛光文化

《佛教与老年人的安养敬用》录音带/佛光文化

《皈依三宝的利益》录音带/佛光文化

《忏悔与感应的原理》录音带/佛光文化

《如何实践六度》录音带/佛光文化

《佛门亲属谈》录音带/佛光文化

《说梦的神奇》录音带/佛光文化

《谈因说果》录音带/佛光文化

《从风趣洒脱来谈禅宗的人物》录音带/佛光文化

《如何树立工作者的形象》录音带/佛光文化

二〇〇四年
- 二月　《自在云心》2CD＋笔记书/香海文化

二〇〇五年
- 八月　《人间音缘系列(一):最美的世界》CD/香海文化
- 九月　《人间音缘系列(二):让我们开始幸福》CD/香海文化

二〇〇七年
- 二月　《星云大师与名人知性对谈》/马佛光文化
- 九月　《感动的世界最美丽》CD/马佛光 DVD 文化

二〇〇八年
- 六月　《人间音缘作品集——听见》CD/马佛光文化

　　　　《人间音缘作品集——祥和》CD/马佛光文化
- 八月　《星云大师与拿督翁诗杰心灵对谈》DVD/马佛光文化

二〇〇九年
- 一月　《与大师心灵对话》DVD(四片装)/佛光山电视中心

　　　　《云水三千:星云大师弘法五十周年纪念特辑》DVD/佛光山电视弘法基金会

　　　　《佛光四十》DVD/佛光山电视弘法基金会

　　　　《2006 星云大师"国父纪念馆"佛学讲座》DVD/佛光山电视中心

　　　　《2006 星云大师西来大学佛经讲座》DVD/佛光山电视中心

　　　　《2006 佛学讲座——星云大师与名人对谈》DVD/佛光山电视中心

《2005星云大师佛学讲座》CD／佛光山电视中心
《2004星云大师佛学讲座》DVD（三片装）／佛光山电视弘法基金会
《星云法语》DVD／佛光山电视中心
《中国文化与五乘佛法》DVD／佛光山电视中心

- 九月　《点燃薪火——佛光山的故事》DVD（八片装）／佛光山电视弘法基金会
- 十月　《大马好》光碟 Marvelous Malaysia DVD／马佛光文化

二〇一〇年
- 八月　《大师与您谈心》DVD（四片装）／佛光山电视弘法基金会
　　　　《地水火风　缘起再生》DVD／佛光山电视弘法基金会

二〇一一年
- 六月　《僧事百讲》DVD・共一〇四集，二十六片装／佛光山电视弘法基金会

四、外语类

【英文】

- 《佛教的生命・生死・生活学》（Endless Knot）／美国佛光文化出版
- 《基本佛法——迷你佛书》（Essence of Buddhism）／美国佛光文化出版
- 《无声息的歌唱》（Bells, Gongs and Wooden Fish）／美国佛光文化出版
- 《法相》（FaXiang：A Buddhist Practitioner's Encylopedia）／美国佛光文化出版
- 《佛光菜根谭》（Inspiration-Humble Table, Wise Fare Minibook）／

美国 iUniverse 出版社

- 《成就的秘诀：金刚经》（Four Insights for Finding Fulfillment）/美国佛光文化出版
- 《观世音菩萨普门品讲话》（The Universal Gate）/美国佛光文化出版
- 《佛教作品文选》（After Many Autumns）/美国佛光文化出版
- 《佛教对当代问题的探讨（二）》（Life：Politics, Human Rights, and What the Buddha Said About Life）/美国佛光文化出版（入选"2011年埃里克·霍弗短篇散文及独立出版奖"）
- 《佛光学》（The Buddha's Light Philosophy）/美国佛光文化出版
- 《六祖坛经讲话》（The Rabbit's Horn）/美国佛光文化出版
- 《八大人觉经讲话》（The Great Realizations）/美国佛光文化出版
- 《人间佛教的戒定慧》（For All Living Beings）/美国佛光文化出版
- 《佛陀的故事（二）》（Footprints in the Ganges）/美国佛光文化出版
- 《菩萨行证》（Infinite Compassion, Endless Wisdom）/美国佛光文化出版
- 《人间佛教的经证》（Being Good：Buddhist Ethics for Everyday Life）/美国佛光文化出版
- 《人间佛教的人情味》（Where is Your Buddha Nature?）/美国佛光文化出版
- 《佛法要义》（The Core Teachings）/美国佛光文化出版
- 《人间佛教的蓝图》（Humanistic Buddhism：A Blueprint for Life）/美国佛光文化出版
- 《禅话禅画》（Chan Heart, Chan Art）/美国佛光文化出版

- 《迷悟之间·一念之间》(All in a Thought)/美国佛光文化出版
- 《迷悟之间·心灵药方》(Prescription for the Heart)/美国佛光文化出版
- 《迷悟之间·一时与一世》(A Moment, A Lifetime)/美国佛光文化出版
- 《迷悟之间·加减人生》(A Life of Pluses and Minuses)/美国佛光文化出版
- 《迷悟之间·放下与前进》(Let Go, Move On)/美国佛光文化出版
- 《迷悟之间·修剪生命的荒芜》(Tending Life's Garden)/美国佛光文化出版
- 《迷悟之间·找寻快乐》(Seeking Happiness)/美国佛光文化出版
- 《星云法语1》(Keys to Living Well: Dharma Words 1)/美国佛光文化出版
- 《星云法语2》(The Mind of a Practitioner: Dharma Words 2)/美国佛光文化出版
- 《佛陀——六波罗蜜的启示》(Traveling to the Other Shore)/美国佛光文化出版
- 《佛光菜根谭1》(Humble Table, Wise Fare 1: Living the Dharma)/美国佛光文化出版
- 《佛教对当代问题的探讨》(A Look at Modern Social Issues)/美国佛光文化出版
- 《药师经及其修持法门》(Sutra of the Medicine Buddha)/美国佛光文化出版
- 《打开心眼》(Opening the Mind's Eye)/美国佛光文化出版

星云大师著作编纂一览表

- 《佛法与生活》(Living Affinity)/美国佛光文化出版
- 《佛光祈愿文(上)》(Pearls of Wisdom: Prayers for Engaged Living 1)/美国佛光文化出版
- 《佛光祈愿文(下)》(Pearls of Wisdom: Prayers for Engaged Living 2)/美国佛光文化出版
- 《从四圣谛到四弘誓愿》(From the Four Noble Truths to the Four Universal Vows)/美国佛光文化出版
- 《六波罗密自他两利之评价》(Of Benefit to Oneself and Others)/美国佛光文化出版
- 《论佛教民主自由平等的真义》(On Buddhist Democracy, Freedom, and Equality)/美国佛光文化出版
- 《星云说偈》(Cloud and Water: An Interpretation of Chan Poems)/美国佛光文化出版
- 《金刚经讲话》(Describing the Indescribable)/Wisdom Publications
- 《佛光菜根谭(上)》(Humble Table, Wise Fare-Hospitality For The Heart I)/美国佛光文化出版
- 《佛光菜根谭(下)》(Humble Table, Wise Fare-Hospitality For The HeartII)/美国佛光文化出版
- 《当代人心的思路》(Contemporary Thoughts on Humanistic Buddhism)/澳大利亚南天寺出版
- 《星云禅话》(中英文口袋书)/澳大利亚南天寺出版
- 《核心教诲》(Buddhism Core Ideas)/美国Weatherhill出版社
- 《老二哲学》(The Philosophy of Being Second)/美国佛光文化出版
- 《心甘情愿》(Perfectly Willing)/西来大学出版
- 《皆大欢喜》(Happily Ever After)/西来大学出版

- 《传灯》(Handing Down the Light)/西来大学出版
- 《忙就是营养》(Keeping Busy Is the Best Nourishment)/美国佛光文化出版
- 《有佛法,就有办法》(Where There Is Dharma, There Is a Way)/美国佛光文化出版
- 《佛光菜根谭——迷你口袋精装版》(Humble Table, Wise Fare-Gift for life)/美国佛光文化出版
- 《佛法入门》(LotusinaStream)/美国 Weatherhill 出版社
- 《星云禅话》(The Lion's Roar)/PeterLangPublishing
- 《中国禅修入门》(Only a Great Rain-A guide to Chinese Buddhist Mediatation)/Wisdom Publications
- 《自在的人生》(The Carefree Life)/美国佛光文化出版
- 《生活中的觉醒》(The Awakening Life)/美国佛光文化出版
- 《人间佛教的性格》(How I Practice Humanistic Buddhism)/美国佛光文化出版
- 《佛教的特质》(The Unique Characteristics of Buddhism)/美国佛光文化出版
- 《人间佛教的基本思想》(The Fundamental Concepts of Humanistic Buddhism)/美国佛光文化出版
- 《佛教的真谛》(The Essence of Buddhism)/美国佛光文化出版
- 《伟大的佛陀》(The Great Buddha)/美国佛光文化出版
- 《佛教对命运的看法》(The Buddhist Perspective on Life and Destiny)/美国佛光文化出版
- 《佛教对轮回的看法》(The Wheel of Rebirth)/美国佛光文化出版
- 《人死亡之后的生命怎么样》(When We Die)/美国佛光文化

出版
- 《人生十问》(Ten of Life's Common Concerns)/美国佛光文化出版
- 《谈因说果》(Conditionality: The Law of Cause and Effect)/美国佛光文化出版
- 《佛教对因缘的看法》(The Buddhist Perspective on Cause and Condition)/美国佛光文化出版
- 《从六祖坛经谈到禅宗教学的特质》(A Glimpse of Chan through the Six Patriarch's Platform Sutra)/美国佛光文化出版
- 《禅的真谛》(The Essence of Chan)/美国佛光文化出版
- 《从教学守道谈到禅宗的特色》(Teaching, Learning, and Upholding the Way in Chan Buddhism)/美国佛光文化出版
- 《佛教与心理学》(Buddhism and Psychology)/美国佛光文化出版
- 《佛教的管理学》(A Buddhist Approach to Management)/美国佛光文化出版
- 《佛教与音乐》(Sounds of the Dharma: Buddhism and Music)/美国佛光文化出版
- 《佛教青年的展望》(Looking Ahead: A Guide For Young Buddhists)/美国佛光文化出版
- 《从阿弥陀经说到净土思想的建立》(The Amitabha Sutra and the Pure Land School)/美国佛光文化出版
- 《佛教与建筑》(Building Connections: Buddhism & Architecture)/美国佛光文化出版
- 《从金刚经说到般若空性的研究》(The Diamond Sutra and the Study of Wisdom and Emptiness)/美国佛光文化出版
- 《佛法与环保》(Protecting Our Environment)/美国佛光文化出版

- 《菩萨的宗教体验》(On Becoming a Bodhisattva)/美国佛光文化出版
- 《谈情说爱》(Speaking of Love and Affection)/美国佛光文化出版
- 《佛教与医学》(Buddhism, Medicine, and Health)/美国佛光文化出版
- 《涅槃》(Nirvana)/美国佛光文化出版
- 《佛陀的样子》(Seeing the Buddha)/美国佛光文化出版
- 《佛教对知见的看法》(A Disscussion on Perception and Understanding)/美国佛光文化出版
- 《佛教与义工》(Buddhism and Volunteerism)/美国佛光文化出版
- 《佛教与茶道》(Buddhism and Tea Ceremony)/美国佛光文化出版
- 《佛教与雕塑》(Buddhism and Sculpture)/美国佛光文化出版
- 《佛教对修行问题的看法》(Buddhist Perspectives on Spiritual Practice)/美国佛光文化出版
- 《佛教对神通的看法》(The Buddhist Perspective on the Supernatural)/美国佛光文化出版
- 《佛教对身心疾病的看法》(Buddhism and Healing)/美国佛光文化出版
- 《论鬼的形像》(Ghosts and the Afterlife)/美国佛光文化出版
- 《佛教对时空的看法》(The Buddhist Perspective on Time and Space)/美国佛光文化出版
- 《从入世的生活说到佛教出世的生活》(Worldly Living, Transcendental Practice)/美国佛光文化出版
- 《佛教对女性问题的看法》(The Buddhist Perspective on Women's Rights)/美国佛光文化出版

星云大师著作编纂一览表

- 《佛教对素食问题的看法》(Buddhism and Vegetarianism)/美国佛光文化出版
- 《佛教与生活(一)》(Letting Go)/美国佛光文化出版
- 《佛教与生活(二)》(Seeing Clearly)/美国佛光文化出版
- 《禅修》(Meditation)/美国佛光文化出版
- 《皈依三宝的意义》(The Triple Gem)/美国佛光文化出版
- 《受持五戒的意义》(The Five Precepts)/美国佛光文化出版
- 《如何修持佛法》(Starting a Daily Practice)/美国佛光文化出版
- 《谈你说我》(Speaking of You and Me)/美国佛光文化出版
- 《谈天说地》(The Heavenly Realms and the Hell Wolds)/美国佛光文化出版
- 从佛教各宗各派说到各种修持的方法(一)》(Different Practices, Same Path I)/美国佛光文化出版
- 《从佛教各宗各派说到各种修持的方法(二)》(Different Practices, Same Path II)/美国佛光文化出版
- 《从佛教各宗各派说到各种修持的方法(三)》(Different Practices, Same Path III)/美国佛光文化出版
- 《佛教与生活(一)》(When We See Clearly I)/美国佛光文化出版
- 《佛教与生活(二)》(When We See Clearly II)/美国佛光文化出版
- 《佛教与生活(三)》(When We See Clearly III)/美国佛光文化出版
- 《佛教的慈悲主义》(The Buddhist Perspective on Compassion)/美国佛光文化出版
- 《星云大师法语》(Dharma Words of Venerable Master Hsing

227

Yun）／佛光文化
- 《佛光世界》（Epoch of the Buddha's Light）／佛光文化
- 《自觉与行佛》（Self-Awareness and Practicing the Buddha's Way）／佛光山澳大利亚南天寺
- 《发心与发展》（To Resolve and To Develop）／佛光山澳大利亚南天寺
- 《论佛教民主自由平等的真义》（The True Meaning of Democracy, Freedom and Equality in Buddhism）／佛光山澳大利亚南天寺
- 《星云法语（一）》（Mindful Wisdom, Heartful Joy I）／佛光山澳大利亚南天寺
- 《星云法语（二）》（Mindful Wisdom, Heartful Joy II）／佛光山澳大利亚南天寺
- 《佛教与医学》（Buddhism and Medicine）／新加坡佛光山
- 《八识讲话（中英）》（The Eight Consciousness）／新加坡佛光山
- 《（快乐之道）迷悟之间1》（The Way To Happiness）／马佛光文化
- 《（心灵药方）迷悟之间2》（Prescription For The Heart）／马佛光文化
- Opening the Mind's Eye／印度佛光文化出版
- Living Affinity／印度佛光文化出版
- For All Living Beings／印度佛光文化
- Traveling to the Other Shore／印度佛光文化出版
- Humanistic Buddhism／印度佛光文化出版
- A Look at Modern Social Issues／印度佛光文化出版
- Footprints in the Ganges／印度佛光文化出版
- Being Good／印度佛光文化出版
- Infinite Compassion, Endless Wisdom／印度佛光文化出版

- Seeking Happiness/印度佛光文化出版
- Prescription for the Heart/印度佛光文化出版
- A Life of Pluses and Minuses/印度佛光文化出版
- Let Go, Move On/印度佛光文化出版
- Tending Life's Garden/印度佛光文化出版
- Perfectly Willing/印度佛光文化出版
- Happily Ever After/印度佛光文化出版
- The Philosophy of Being Second/印度佛光文化出版
- Where There Is Dharma There Is a Way/印度佛光文化出版
- Keeping Busy Is the Best Nourishment/印度佛光文化出版
- After Many Autumns/印度佛光文化出版
- The Awakening Life/印度佛光文化出版
- The Buddha's Light Philosophy/印度佛光文化出版
- Bright Star, Luminous Cloud/印度佛光文化出版
- The Core Teachings/印度佛光文化出版
- The Diamond Sutra in Chinese Culture/印度佛光文化出版
- The Rabbit's Horn/印度佛光文化出版
- The Great Realizations/印度佛光文化出版
- The Universal Gate/印度佛光文化出版
- Where Is Your Buddha Nature? /印度佛光文化出版
- The Carefree Life/印度佛光文化出版
- Four Insights for Finding Fulfillment/印度佛光文化出版
- The Mind of a Practitioner/印度佛光文化出版
- Keys to Living Well/印度佛光文化出版
- Humble Table, Wise Fare-Living The Dharma/印度佛光文化出版
- From The Four Nobel Truths to the Four Universal Vows/印度佛光

文化出版
- Chan Heart，Chan Art/印度佛光文化出版
- Star and Cloud/印度佛光文化出版
- Life/印度佛光文化出版
- Humble Table Wise Fare-Inspiration/印度佛光文化出版
- Modern Thoughts，Wise Mentality/印度佛光文化出版
- Lotus In A Stream/印度佛光文化出版
- Buddhism in Every Part-1/印度佛光文化出版
- Buddhism in Every Part-2/印度佛光文化出版
- The Diary of Novice Monk/印度佛光文化出版
- 《366天与大师相会》(366 Days with Wisdom)/马佛光文化

【日文】

- 《心甘情愿》/译者：陈一普智
- 《星云大师的人间佛教语录》/译者：毛利、友次、人间佛教研修会/香海文化
- 《国际佛光会主题演说第一回～第九回》/译者：西原千雅、濑川淑子/东京协会出版
- 《星云大师的人间佛教》/山喜房出版社/译者：野川博之。
- 《星云法语》株式会社/成星出版
- 《星云禅话（一）》/大阪佛光山寺发行/译者：陈一普睿、陈一普智
- 《星云禅话（二）》/大阪佛光山寺发行/译者：陈一普睿、陈一普智
- 《佛光菜根谭》/国际佛光会东京协会发行/译者：濑川淑子、他一同
- 《图文佛光菜根谭》/株式会社雄山阁/译者：森田阳子、国际佛光

会东京协会
- 《给人欢喜》/东京佛光山寺/译者:陈淑君
- 《生活的智慧》/国际佛光会东京协会发行/译者:西原千雅、东京协会编集部
- 《何谓人生》/国际佛光会东京协会发行/译者:西原千雅、东京协会编集部
- 《何谓开悟》/国际佛光会东京协会发行/译者:西原千雅、东京协会编集部
- 《修行的道》/国际佛光会东京协会发行/译者:西原千雅、东京协会编集部
- 《成功的条件》/国际佛光会东京协会发行/译者:西原千雅、东京协会编集部
- 《菩萨与义工》/东京佛光山寺/译者:孟然
- 《往事百语·难遭难遇》/东京佛光山寺/译者:国际佛光会东京协会翻译部
- 《人心、金钱、命运》/佛光文化
- 《人间佛教丛书(一)——星云法语·生活的般若》/东京佛光山寺/译者:国际佛光会东京协会翻译部
- 《人间佛教丛书(二)——星云法语·人生十问》/东京佛光山寺/译者:国际佛光会东京协会翻译部
- 《佛教对素食问题的看法》/东京佛光山寺/译者:国际佛光会东京协会翻译部
- 《环保与心保》/东京佛光山寺/译者:叶怡娟

【韩文】
- 《普通众生、普通佛陀》/保林社/译者:李仁玉
- 《心的秘密(一)》/土房出版社/译者:依恩法师

- 《玉琳国师(再世情缘)》/世进社/译者:韩东洙、梁镐泳
- 《心的秘密(二)》/土房出版社/译者:李仁玉
- 《生活与佛法不二》/云舟社/译者:李仁玉
- 《迷悟之间》/韩国佛光/译者:依恩法师、李仁玉
- 《生命点金石》/香海文化/韩国大青媒体/译者:禹东林、赵素莹
- 《美好因缘》/知识之林/译者:李明圆(音译)
- 《散播快乐》/情宇书社/译者:依恩法师、韩淳珍、李炫知(被选为当年佛教年度十大优良读物)
- 《合掌人生》/云舟社/译者:依恩法师、赵银子
- 《人间佛教的经营与实践》/东国大学出版社/译者:梁晶渊
- 《千江映月》/云舟社/译者:赵银子
- 《星云大师法语集(一)》/土房出版社/译者:依恩法师
- 《星云大师法语集(二)》/土房出版社/译者:李仁玉
- 《星云大师法语集》/保林社·国际佛教徒协议会/李仁玉
- 《人间佛教的经营与实践》/东国大学/译者:梁晶渊
- 《星云说偈》/云舟社/译者:赵银子
- 《如何做个佛光人》/佛光山宗务委员会/译者:依恩法师
- 《心甘情愿》/佛光出版社
- 《不忘初心/愿心的升华》/佛光出版社
- 《老二哲学/有佛法就有办法》/佛光出版社
- 《难遭难遇/要争气,不要生气》/佛光出版社
- 《人海慈航:怎样知道有观世音菩萨》/云舟社/译者:赵银子

【泰文】

- 《迷悟之间(一)》/Yaimai Book
- 《迷悟之间(二)》/Yaimai Book
- 《佛光菜根谭.自在》/Book Time

- 《佛光菜根谭．宝典》/Book Time
- 《佛光菜根谭．启示》/Book Time
- 《皆大欢喜》/国际佛光会曼谷协会
- 《心甘情愿》/国际佛光会曼谷协会
- 《老二哲学》/国际佛光会曼谷协会
- 《我的宗教体验》/国际佛光会曼谷协会
- 《人间佛教的基本思想》/国际佛光会曼谷协会
- 《佛教与生活(一)》/国际佛光会曼谷协会
- 《佛教与生活(二)》/国际佛光会曼谷协会
- 《星云大师法语》/国际佛光会曼谷协会

【葡萄牙文】
- 《人间佛教的戒定慧》(Budismo Para Todos)/Escrituras Editora
- 《八大人觉经》(Budismo Puro E Simples)/Editora De Cultura
- 《佛法教理》(Budismo Significados Profundos)/Editora De Cultura
- 《药师经及其修持法门》(Sutrado Buda da Medicina)/Editora De Cultura
- 《中国禅修入门》(Purificando a Mente-A Meditacão no Budismo Chinês)/Editora De Cultura
- 《佛法概论》(Budismo Conceitos Fundamentais)/EditoraDeCultura
- 《人间佛教的经证》(Cultivando O Bem)/EditoraDeCultura
- 《星云禅话(一)》(Histrias Ch'an)/Editora Shakti
- 《星云禅话(二)》(Contos Ch'an)/Editora De Cultura
- 《迷悟之间(一)》(O Valor da Verdade)/EscriturasEditora
- 《迷悟之间(二)》(Receita para a coracao)/Escrituras Editora
- 《禅的真谛》(A Ess.ncia do Ch'an)/巴西如来寺
- 《佛教对因缘的看法》(A Perspectiva Budista sobre Causa e

Condicão）/巴西如来寺
- 《佛教对神通的看法》（A Perspectiva Budista Sobre Magia E Sobrenatural）/巴西如来寺
- 《佛教对轮回的看法》（A Roda do Renascimento）/巴西如来寺
- 《佛教的真谛》（A Essência do Budismo）/巴西如来寺
- 《佛教的特质》（Caracteristicas Singulares do Budismo）/巴西如来寺
- 《人间佛教的基本思想》（Conceitos Fundamentais do Budismo Humanista）/巴西如来寺
- 《什么是佛教?》（O que Budismo?）/巴西如来寺
- 《人死亡之后的生命怎么样?》（Quando Merremos）/巴西如来寺
- 《佛教与医学》（Budismo, Medicina E Saúde）/巴西如来寺
- 《环保与心保》（Preservação do Meio Ambiente e do Universo Mental）/巴西如来寺
- 《佛教教理》（Budismo Significados Profundos）/Zéfiro
- 《佛法概论》（Conceitos Fundamentais do Budismo）/Zéfiro
- 《迷悟之间（一）》（O Caminho para a Felicidade）/美国佛光出版社

【西班牙文】

- 《佛教的真谛》（La Esencia Del Budismo）/Editorial Altamira
- 《星云禅话1》（Charlas Sobre Ch'an I）/美国佛光出版社
- 《生死与涅槃》（Visión Budista del Más allá）/Editorial Altamira
- 《迷悟之间（一）》（Entre la Ignorancia y la Iluminación I）/Editorial Altamira
- 《迷悟之间（二）》（Entre la Ignorancia y la Iluminación II）/Editorial Altamira

- 《迷悟之间(三)》(Entre la Ignorancia y la Iluminación III)/阿根廷佛光山
- 《佛教对神通的看法》(Perspectiva Budista acerca del Destino la Magia y lo Sobrenatural)/Editorial Altamira
- 《佛教与医学》(Perspectiva Budista acerca de la Medicina y la Salud)/Eustylos
- 《药师经》(Sutra del Budade la Medicina)/Eustylos
- 《老二哲学》(La filosofia De Sĕr El Segundo)/阿根廷佛光山
- 《心甘情愿》(Con Sumo Gusto)/佛光文化
- 《菩萨的宗教体验》(El Camino del Bodhisattva)/Eustylos
- 《佛教与建筑》(Arquitectura Budista: Diseno y Función al Servicio del Dharma)/Eustylos
- 《因果与业力》(Condicionalidad: la ley Kármica de Causa y Efecto)/Eustylos
- 《佛教对轮回的看法》(La Rueda del Renacimiento)/Eustylos
- 《佛光祈愿文1》(Plegarias I)/阿根廷佛光山
- 《佛法的实践与进阶》(El Corazon Del Dharma)/阿根廷佛光山
- 《心灵的活泉——星云法语有声书(一)》(Un Manantial para el Espíritu)/阿根廷佛光山
- 《佛陀的样子》(Contemplando al Buda)/Eustylos
- 《谈请说爱》(Perspectiva Budista sobre el amor y el afecto)/阿根廷佛光山
- 《什么是佛教?》(Que es el Budismo?)/阿根廷佛光山
- 《禅的真谛》(La esencia del Ch'an)/阿根廷佛光山
- 《人生十问》(Diez Cosas que nos preocupan en la Vida)/阿根廷佛光山

- 《人间佛教的基本思想》(Los Conceptos Fundamentales del Budismo Humanitario)/阿根廷佛光山
- 《佛教与心理学》(El Budismo y la Psicologia)/Gráfica Heine
- 《佛教与音乐》(Los Sonidos del Dharma：El Budismo y la Musica)/Gráfica Heine
- 《佛教与管理学》(Un enfoque Budista de la Administracion de Empresas)/Gráfica Heine
- 《佛教与茶道》(El Budismo y la Ceremonia del Te)/Gráfica Heine
- 《佛教对素食问题的看法》(El Budismo yel Vegetarianismo)/Gráfica Heine
- 《伟大的佛陀》(Buda，El Gran Maestro)/Gráfica Heine

【德文】
- 《人间佛教的经证》(Wahrhaftig Leben)/Schirner Verlag
- 《佛法入门》(Der Lotus im Fluss/Lotus in a Stream)/Schirner Verlag
- 《迷悟之间(一)》(Von der Unwissenheit zur Erleuchtung I)/Schirner Verlag
- 《迷悟之间(二)》(Von der Unwissenheit zur Erleuchtung II)/Schirner Verlag
- 《迷悟之间(三)》(Von der Unwissenheit zur Erleuchtung III)/Schirner Verlag
- 《佛光菜根谭(一)》(Buddhas kleines Stundenbuch)/Schirner Verlag
- 《佛光菜根谭(二)》(Buddhas Weisheitsperlen)/Schirner Verlag
- 《佛光祈愿文》(Perlen der Weisheit)/柏林佛光山
- 《心甘情愿》(Bereitschaft des Herzens)/柏林佛光山

- 《心甘情愿》(Immer Willig)/Shyh Hyah Printing
- 《人死后的生命怎么样》(Wenn Wir Sterben)/柏林佛光山
- 《伟大的佛陀》(Der Grosse Buddha)/柏林佛光山
- 《人间佛教的基本思想》(Die grundlegenden Vorstellungen des Humanistichen Buddhismus)/柏林佛光山
- 《佛教对轮回的看法》(Das Rad der Wiedergeburt)/柏林佛光山
- 《禅的真谛》(Das Wesen des Ch'an)/柏林佛光山
- 《迷悟之间 CD》(CD fuer von Unwissenheit zur Erleuchtung)/法兰克福佛光山
- 《老二哲学》(Die Philosophie der Zweite zu sein)/August von Goethe Literaturverlag

【法文】

- 《人间佛教的戒定慧》(Discipline, Concentration, Sagesse dans le Bouddhisme humaniste)/美国佛光出版社
- 《当代人心思潮》(Les courants de la pensée contemporaine)/美国佛光出版社
- 《金刚经讲话》(Le Sutra du Diamant-Commentaire)/美国佛光出版社
- 《佛光菜根谭·励志1（中法文）》(La Sagesse eternelle-Determination)/You-Feng
- 《佛光菜根谭·教育2（中法文）》(La Sagesse eternelle-Education)/You-Feng
- 《佛光菜根谭·人和3（中法文）》(La Sagesse eternelle-Harmonie)/You-Feng
- 《佛光菜根谭·启示4（中法文）》(La Sagesse eternelle-La Revelation)/You-Feng

- 《佛光菜根谭·宝典5（中法文）》（La Sagesse eternelle-Trésor de la Connaissance）/You-Feng
- 《佛光菜根谭·生活6（中法文）》（La Sagesse eternelle-La Vie）/You-Feng
- 《佛光菜根谭·修行7（中法文）》（La Sagesse eternelle-Pratique）/You-Feng
- 《佛光菜根谭·自在8（中法文）》（La Sagesse eternelle-Sans Souri）/You-Feng
- 《自觉与行佛（中法文）》（Conscience de soi et pratique de la Voie du Bouddha）/蒙特利尔佛光山
- 《佛教的慈悲主义（中法文）》（Perspective Bouddhiste sur la Compassion）/蒙特利尔佛光山
- 《佛光菜根谭（一）（中英法文）》（Modeste Table, sage nourriture I）/蒙特利尔佛光山
- 《佛光菜根谭（二）（中英法文）》（Modeste Table, sage nourriture II）/蒙特利尔佛光山
- 《佛光菜根谭（三）（中英法文）》（Modeste Table, sage nourriture III）/蒙特利尔佛光山
- 《人间佛教的基本思想（中英法文）》（Les Concept Fondamentaux Du Bouddhisme Humanitaire）/蒙特利尔佛光山
- 《佛教的因果与业》（La causalité, Le karma）/美国佛光出版社
- 《佛教的中道与空》（La voie du milieu, La vacuité）/美国佛光出版社
- 《皈依三宝的意义》（Prendre refuge aupres des Trois Joyaux）/美国佛光出版社
- 《受持五戒的意义》（Recevoir et observer constamment les cinq

preceptes)/美国佛光出版社
- 《美化人生(中英法文)》(Comment Embellir Sa Vie)/美国佛光出版社
- 《自然与生命》(Nature et Vie)/美国佛光出版社

【锡兰文】
- 《环保与心保》/国际佛光会斯里兰卡协会
- 《人间佛教的性格》/国际佛教促进会
- 《人间佛教的人情味》/国际佛教促进会
- 《人间佛教的经证》/SRIDEVI
- 《老二哲学》/SRIDEVI
- 《星云说偈》/SRIDEVI
- 《人生百事》/国际佛光会斯里兰卡协会
- 《迷悟之间·一念之间》/美国佛光出版社
- 《迷悟之间·心灵药方》/美国佛光出版社

【印度文】
- 《佛光菜根谭》/国际佛光会印度德里协会
- 《佛教青年成功立业之道》/国际佛光会印度德里协会
- 《人生百事》/美国佛光出版社
- 《佛光菜根谭》(Hindi – Anand Prakash)/印度佛光文化出版
- Hindi – Adhunik Vichar/印度佛光文化出版

【尼泊尔文】
- 《人间佛教的戒定慧》/国际佛光会尼泊尔协会
- 《人间佛教的蓝图》/美国佛光出版社
- 《人间佛教的人情味》/美国佛光出版社
- 《佛光世界(1)》/国际佛光会尼泊尔协会
- 《佛光菜根谭:生活勤奋人和》/国际佛光会尼泊尔协会

- 《佛光菜根谭:教化修行责任》/国际佛光会尼泊尔协会
- 《佛光菜根谭:励志敦品警惕》/国际佛光会尼泊尔协会
- 《佛光菜根谭:自然因果法则》/国际佛光会尼泊尔协会

【印度泰米尔文】
- 《佛教青年的展望》/国际佛光会清奈协会
- 《星云说偈》/国际佛光会清奈协会
- 《迷悟之间·放下与前进》/国际佛光会清奈协会
- 《环保与心保》/国际佛光会清奈协会

【孟加拉文】
- 《人间佛教的经证》/国际佛光会孟加拉协会
- 《圆满与自在》/国际佛光会孟加拉协会
- 《平等与和平》/国际佛光会孟加拉协会

【印尼文】
- 《迷悟之间》（Di antara Keraguan dan Kesedaran）/Perkumpulan Sinar Buddha Indonesia
- 《人间佛教的性格》（Dharma Humanistik）/Ehipassiko Foundation
- 《我如何实践人间佛教》（Praktik Dharma Humanistik）/Ehipassiko Foundation
- 《佛光祈愿文（一）》（Mutiara Kebijaksanaan）/Ehipassiko Foundation
- 《佛光菜根谭（一）》（Perenungan Dharma Master Hsing Yun I）/Perkumpulan Sinar Buddha Indonesia
- 《佛光菜根谭（二）》（Perenungan Dharma Master Hsing Yun II）/Perkumpulan Sinar Buddha Indonesia
- 《人生百事》（Seratus Tugas Kehidupan）/美国佛光出版社
- 《佛教对命运的看法》（Nasib dalam Pandangan Agama Buddha）/

Perkumpulan Sinar Buddha Indonesia
- 《如何建立幸福美满的生活》(Bagaimana membina Kebahagiaan di dalam Kehidupan)/国际佛光会雅加达协会
- 《星云法语(一)》(Ajaran Kebenaran Dalam Kehidupan Sehari-hari 1)/国际佛光会雅加达协会
- 《星云法语(二)》(Ajaran Kebenaran Dalam Kehidupan Sehari-hari 2)/国际佛光会雅加达协会
- 《星云法语(三)》(Ajaran Kebenaran Dalam Kehidupan Sehari-hari 3)/国际佛光会雅加达协会

【越南文】
- 《人间佛教的戒定慧》(Gioi Dinh Tue Trong Phat Giao Nhan Gian)/美国佛光出版社
- 《佛光菜根谭》(Phat Quang Thai Can Dam)/瑞典佛光山
- 《迷悟之间》(Nac Thang Cuoc Doi)/佛光文化
- 《八大人觉经十讲》(Muoi Bai Giang Kinh Bat Dai Nhan Giac)/佛光文化

【瑞典文】
- 《佛陀的一生》(Buddhas Liv I Bilder)/瑞典佛光山
- 《迷悟之间(一)》(Mellan okunskap och upplysning I)/瑞典佛光山
- 《佛光菜根谭》(Buddhas Ljus Rotsaksvisdomsord)/瑞典佛光山
- 《星云禅话》(Lejonets Rytande-Tal om chan)/Clear Vision Publishing
- 《人间佛教的经证》(Att Vara God-Buddhistisk etik I vardagslivet)/Clear Vision Publishing

【俄文】
- 《星云大师讲演集（一）：佛教的财富观/佛教的道德观/佛教的未来观》/国际佛光会俄罗斯协会
- 《星云大师讲演集（二）：佛教对命运的看法/佛教对神通的看法/佛教对知见的看法》/国际佛光会俄罗斯协会
- 《星云大师讲演集（三）：人证悟之后的生活怎么样/人死亡之后的生命怎么样/人涅槃之后的境界怎么样》/国际佛光会俄罗斯协会
- 《星云大师讲演集（四）：佛教对行为的看法/佛教对因缘的看法/佛教对轮回的看法/佛教对时空的看法》/国际佛光会俄罗斯协会
- 《星云禅话》/Санкт-Петербург

【荷兰文】
- 《心甘情愿》(Volmaakt Bereid)/国际佛光会荷兰协会
- 《人间佛教的经证》(Waarlijk Leven)/Uitgeverij Verba
- 《人死亡之后的生命怎么样》(Als We Sterven)/佛光山荷华寺

【乌克兰文】
- 《佛光净土》(Ukraine)/Publishing House

【特鲁古文】
- 《人死亡之后的生命怎么样》/美国佛光文化出版
- 《佛教的特质》/美国佛光文化出版
- 《伟大的佛陀》/美国佛光文化出版
- 《佛教对因缘的看法》/美国佛光文化出版